GÄRTEN UND PARKS IN MECKLENBURG VORPOMMERN

Hubert Metzger   Bernd Schattinger

DIE SCHÖNSTEN LANDSCHAFTEN IN DEUTSCHLAND

FLECHSIG

Titelseite:
Großes Bild: Parkanlage des Schweriner Schlosses
Kleine Bilder von oben nach unten:
– Wildgatter im Putbuser Park
– Allee zum Bothmer Schloß
– Herrenhaus in Neetzow
– Gut Blücherhof

Rücktitel:
Schloßpark von Neustrelitz

Seite 1: Lehsen bei Wittenburg
Seite 2/3: Schloßpark Ivenack
Seite 5: Schloßpark Neustrelitz

Die beigefügte Karte zeichnete Franz Toenniges.

Bildnachweis:
Die Vorlagen für die Abbildungen auf den Seiten 12, 14 und 114 stellte freundlicherweise das Mecklenburgische Landeshauptarchiv Schwerin zur Verfügung.

Die Deutsche Bibliothek – CIP-Einheitsaufnahme

Gärten und Parks in Mecklenburg-Vorpommern /
Hubert Metzger ; Bernd Schattinger. –
Sonderausg. – Würzburg : Flechsig, 1999
ISBN 3-88189-256-7

Sonderausgabe für Flechsig-Buchvertrieb

Printed in Germany
ISBN 3-88189-256-7

Je nach wirtschaftlicher Ertragslage des Landgutes und den Neigungen der Eigentümer wurden in Mecklenburg und Vorpommern vor allem im 18. und 19. Jahrhundert oftmals prächtige schloßähnliche Herrenhäuser errichtet, die meist mit englischen Landschaftsparks umgeben waren (Varchentin).

Ein Schloß mit architektonischen Elementen der Renaissance und einem der schönsten Landschaftsparks von Peter Joseph Lenné: Basedow.
Seite 8: Wie vielerorts ist auch in Remplin die Pracht von einst nur noch in Trümmerstücken zu entdecken: Schmuckelement der Hauptfassade des abgebrannten Schlosses vor einer der sehenswerten gassenartigen Lindenalleen.

DIE PARK- UND GARTENLANDSCHAFT MECKLENBURG-VORPOMMERNS

Wer die Pracht der Gärten und Parks in Bayern, Franken oder Sachsen vor Augen hat, kann Vergleichbares in Mecklenburg-Vorpommern nicht erwarten. Und doch lohnt sich eine Reise in Deutschlands Nordosten. Hier, in einem etwa einhundert Kilometer breiten Streifen am Südufer der Ostsee von der Trave bis zur Oder, können die Freunde der Gartenarchitektur durchaus auf ihre Kosten kommen. Jedoch sind es weniger barocke Gärten als vielmehr bemerkenswerte Beispiele der englischen Landschaftsparks, die in dieser norddeutschen Region anzutreffen sind.

In Mecklenburg-Vorpommern ist die Entwicklung der Gartenarchitektur in besonderer Weise mit der Landesgeschichte verbunden. Nachdem im 12. Jahrhundert die slawischen Stämme der Obotriten und Lutitzen durch die Sachsen unter Herzog Heinrich dem Löwen besiegt worden waren, kam es im Zuge der Landnahme und Christianisierung zur Gründung von Klöstern, deutschen Bauernsiedlungen und ersten Städten sowie zur Anlage von festen Höfen und Burgen des niederen Adels und der Fürsten.

Urkunden aus der Zeit um 1350 geben erste Kunde über das Vorhandensein von Gärten in Klöstern und Städten. So verkaufte anno 1353 ein Berthold Bartels an einen Dietrich Deventer Haus und Hof gegenüber dem »Baumgarten« des St. Johannis-Klosters zu Rostock. Auch werden in Urkunden Rosengärten - »rosetum« - in Wismar, Rostock und Sülz erwähnt. In der Wismarer Bürgersprache, einem Verhaltenskodex der Stadtbewohner von 1352, wird für »Schlagen und Haarraufen beim Tanze im Rosengarten« eine hohe Buße angedroht.

Leider ist über die Gestaltung dieser womöglich ersten Vorläufer gestalteter Gärten in Mecklenburg-Vorpommern keine Nachricht überliefert. Die wohl älteste Beschreibung einer Gartenanlage stammt aus der Feder eines fahrenden Studenten und ist auf das Jahr 1590 datiert. Auf seiner Wanderschaft durch Vorpommern und Mecklenburg war Michael Franck auch in die Residenz der Güstrower Linie des mecklenburgischen Fürstenhauses gekommen:

»Es hat auch der Fürst in diesem Städtlein ein fürstliches Schloß, und Hofhaltung allda geführet, nicht sonderlich starck, ... hat einen weiten Platz darinnen umbfangen, welches viereckigt denselben wie ein Quadrat umschloßen; neben der Schloßbrükken zur rechten Hand, als man aufs Schloß gehet, ist ein schöner fürstlicher Lustgarten zugerichtet gewesen, darinnen man von der Brücken hineinsehen können. Derselbige Garten ist mit lustigen Spatziergängen von schönen Leuben, so mit schönen grünen Leubern überzogen, Lusthäusern, Wasserbrünnlein, verborgenen Wasserquellen, wohlriechenden Kräutern, ausländischen Früchte und Blumen geschmücket, und also recht fürstlich zugerichtet, daß man in Sommerzeiten fein im Schatten spatzierengehen und verlustigen können, daß es mit Lust anzusehen gewesen, wie es in solchen Garten fürstlichen pflegt versehen zu sein«.

Trotz der für Norddeutschland zahlreichen Burgen und Schlösser der mecklen-

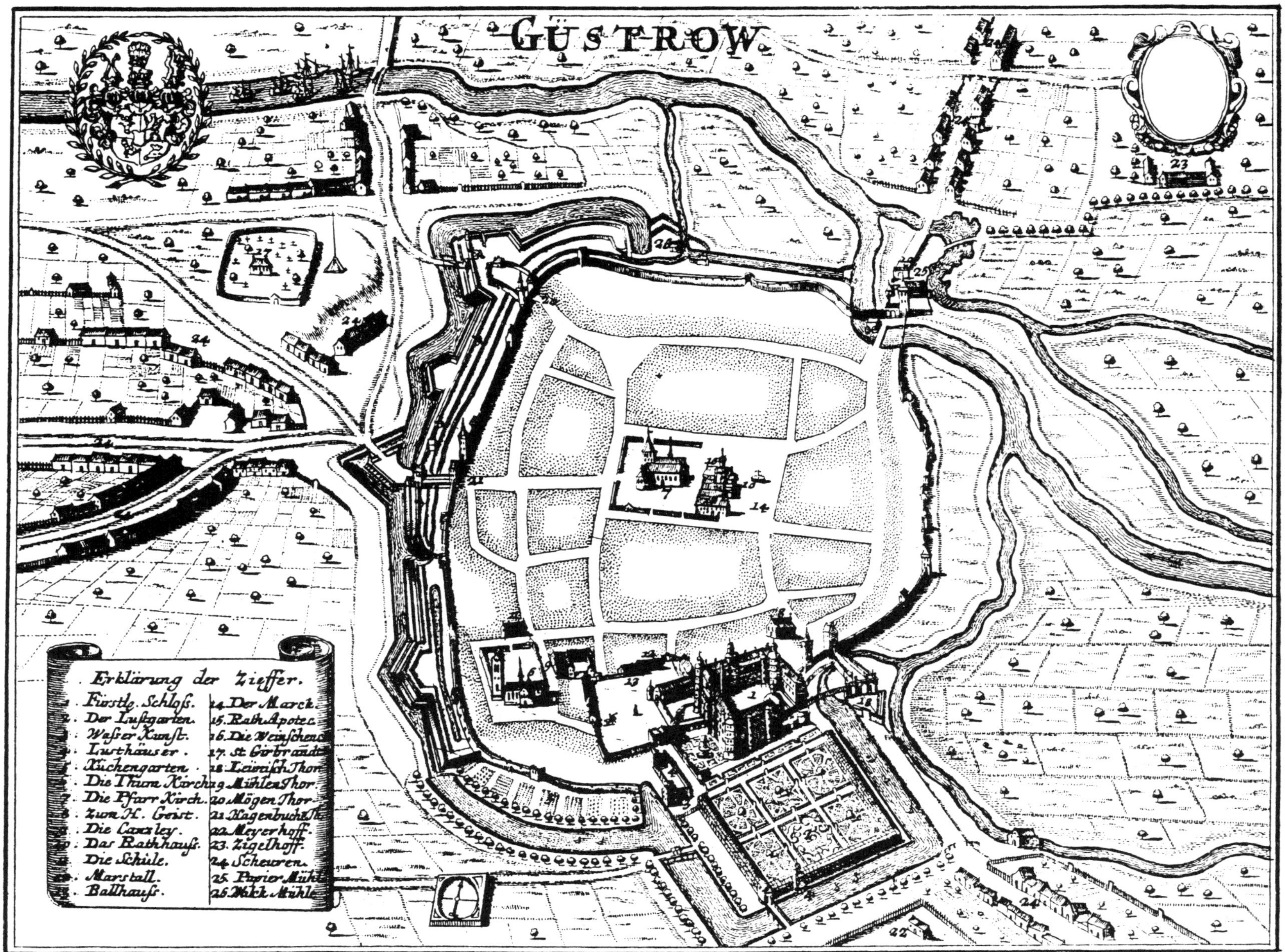

Plan der Residenz Güstrow mit Schloßgarten (1. Hälfte 18. Jh.)

burgischen und pommerschen Herzöge, hat es im 16. und 17. Jahrhundert so bedeutende Anlagen wie in Güstrow ansonsten nicht gegeben. Bei den »festen Häusern« in Schwerin, Neustadt, Bützow, Dargun, Gadebusch, Wismar, Burg Stargard, Barth, Demmin, Üeckermünde und Wolgast wird es wohl nur bescheidene Lustgärtlein und größere Küchengärten gegeben haben.

Auch die Landsitze des Adels und der Ritterschaft in Spyker, Basedow, Ulrichshusen, Spantekow, Putzar, Boldevitz und Ankershagen begnügten sich in der Renaissance mit kleinsten Gartenanlagen. Auf Karten des 17. Jahrhunderts sind noch zahlreiche Grundrisse von längst untergegangenen, oftmals geometrisch gestalteten Gärten in den Burgbezirken auszumachen.

Die großzügigen Parkanlagen Süddeutschlands hat es jedoch in Mecklenburg und Vorpommern bis zum beginnenden 18. Jahrhundert nicht gegeben.

Eine Veränderung brachte die hierzulande spät einsetzende Periode des Barocks. In den fürstlichen Residenzen Schwerin, Neustrelitz und Ludwigslust entstanden unter französischem Einfluß große Parkanlagen, die in ihrem Kern noch heute erhalten sind. Herzog Friedrich, mit Beinamen »der Fromme« (1717–1785), hatte auf weiten Reisen durch Westeuropa und Süddeutschland seinen Kunstsinn gebildet. Insbesondere die Gärten in Holland (Amsterdam, Leyden, Scheveningen, Delft, Rotterdam, Maarsen), Frankreich (Paris, Versailles, Marly, Chantilly) und Deutschland (Aachen, Dresden, Leipzig, Schloß Stetten bei Eßlingen, Potsdam, Berlin) wurden von ihm aufmerksam studiert. Die schönen Alleen, Gärten, Fontänen, Kaskaden und Teiche dieser Anlagen fanden später in der Gestaltung der Parks in Schwerin und Ludwigslust ihren Niederschlag.

Man engagierte französische und süddeutsche Gartenarchitekten, um die vorhandenen fürstlichen Lustgärten im Geschmack der Zeit umzugestalten und zu erweitern. Es vollzog sich ein qualitativer Sprung aus dem Althergebrachten in eine neue Dimension der Gartenkunst. Der Sternberger Ingenieur Jacobs formulierte dazu 1937:

»Das 18. Jahrhundert bringt für Mecklenburg zu der Kultur, die als Zeichen den Pflug hat, die Zivilisation, deren Symbol die Heckenschere ist«.

Durch den Landesgrundgesetzlichen Erbvergleich von 1755, der die Rechte und Verbindlichkeiten des ritterschaftlichen Adels, der Fürsten und der Städte verankerte, wurden die Rittergutsbesitzer zu weitgehenden Souveränen ihrer oftmals mehr als eintausend Hektar großen Landgüter. Viele von ihnen ließen sich neue Herrenhäuser oder schloßähnliche Bauten, umgeben von französischen Gartenanlagen, errichten. Barocke Gutsparks wurden in Bothmer, Kummerow, Vietgest, Ivenack, Karlsburg, Ludorf, Prebberede, Griebenow, Diekhof, Tützpatz, Dreilützow, Zühr, Hohen Luckow, Groß Schwansee, Johannisdorf, Gützkow, Weitendorf und Pritzier angelegt.

Die meisten früh- oder spätbarocken Anlagen wurden jedoch in der Folge aus wirtschaftlichen Gründen wieder aufgegeben oder nach den Maßstäben neuerer Gartenkunst umgestaltet. Jacobs hat den einstigen barocken Gützkower Gutspark beschrieben und der schnellebigen Welt zumindest ein literarisches Bild der Anlage erhalten:

»Die Langseite des Parks fassen Buchenhecken, zu Laubengängen geschnitten, ein. Vor dem Gartensaal ist ein Rasenrechteck durch Wege je einmal der Länge und Breite nach geteilt. Im Schnittpunkt dieser Wege liegt ein rundes Beet, die Ecken der Rasenquartiere, mit Blumen nach Rokokoart bepflanzt, sind viertelrund ausgeschnitten, um kegelförmigen Zierbäumen Platz zu machen. Links und rechts dieser Flächen fassen Ligusterhecken die üblichen salons

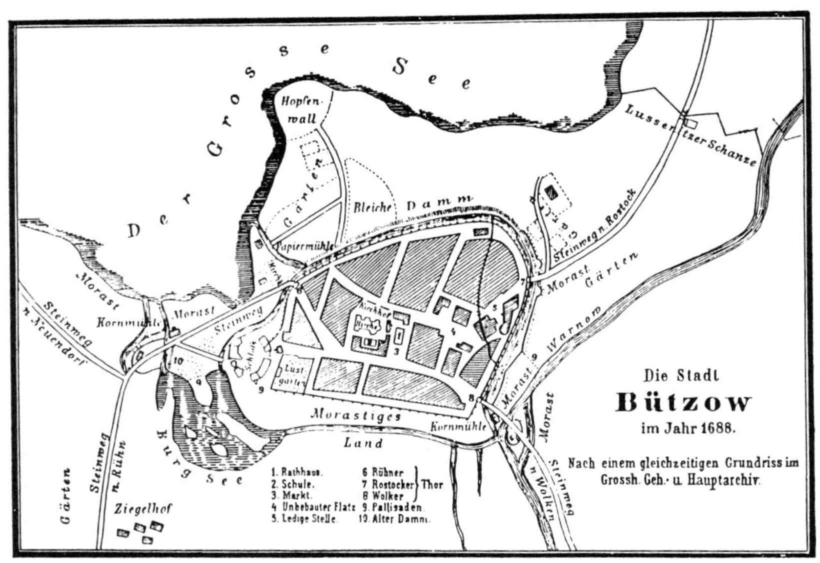

Neben dem Schloß Bützow liegt innerhalb der Stadtmauer der Lustgarten.

des verdures ein, so, daß die diagonalen Wege zwischen ihnen sich immer wieder auf das Mittelrisalit des Herrenhauses ausrichten. Der Park ist zuerst und zuletzt immer wieder nur da, um durch wechselnde Bildausschnitte, das an sich immer gleiche Bild, die Imposanz des Herrenhauses hervorzuheben«.

Nicht selten zu beobachten ist in Mecklenburg die Verbindung von Schloß/Herrenhaus und Kirche/Kapelle durch eine Allee, die zugleich die Hauptachse des Parks bildet (Ludwigslust, Gützkow). Jacobs stellt als wesentlichen Unterschied des mecklenburgischen Barockparks zu den meisten süddeutschen Anlagen gleicher Art das Fehlen von plätschernden Brunnen, unruhigen Kaskaden, Bächen und Teichen fest. Es waren zwar vielerorts einige französische Elemente der Gartenkunst vorhanden, doch fehlte es den Fürsten wie der Ritterschaft an Mitteln, die oftmals schon zu aufwendigen Schlösser und Herrenhäuser noch mit einer Miniaturausgabe des Versailler Parks zu umgeben.

Das Beste an barocker Gartenkunst war seinerzeit in den fürstlichen Schloßgärten von Schwerin, Ludwigslust und Neustrelitz zu sehen, aber auch Putbus und Bothmer ragten heraus.

Die Einheit von Rasenparterre, Laubengängen, Rondells, Springbrunnen, Alleen, Kanälen, Brücken, Bildsäulen und Statuen in einem Garten waren Ausnahmen. Obwohl Bothmer, Ludwigslust, Schwerin und Neustrelitz wie fast alle Parks und Gärten jener Zeit in englische Landschaftsparks oder wenigstens nach

Die alte Kaskade am Ludwigsluster Schloßplatz (nach 1775)

englischem Geschmack umgestaltet wurden, haben sich in allen vier Anlagen deutlich sichtbar barocke Elemente erhalten.

Bedingt durch gute Ernten und entsprechende Preise für Getreide gab es auch in den ansonsten eher armen Mecklenburg und Vorpommern Phasen des wirtschaftlichen Aufschwungs, die den Neu- und Umbau von Residenzen und Gutsanlagen ermöglichten.

Der von England über Frankreich um 1770 nach Deutschland eindringende natürliche Gartenstil gelangte auch schnell nach Norddeutschland. Die Idee von der »Gartenfähigkeit« der Natur fand in dem von sanften Hügeln und unzähligen Seen geprägten Mecklenburg Aufnahme in die Bau- und Gestaltungspläne der Fürsten und Großgrundbesitzer oder auch in die ortsgestalterischen Maßnahmen der größeren Städte.

Das Umfeld der Residenzen, der Herrensitze und Gutsbezirke, aber auch die oftmals im 18. Jahrhundert geschliffenen Befestigungsanlagen der wohlhabenden Städte boten sich förmlich an, in Landschaftsparks aufzugehen. Der englische Gartenstil fand bei der Ausgestaltung des ersten deutschen Seebades in Bad Doberan/Heiligendamm ebenso Einzug wie bei der Anlage von Hospitalkomplexen oder größeren Friedhöfen (Schwerin, Güstrow, Wismar, Rostock). Die naturalistische Verschönerung oder »ökonomische Aufschmückung« der Schloß- und Gutsbezirke in Mecklenburg und Vorpommern führte zur Anlage malerischer Wanderparks. Sie waren das Werk der Gutsbesitzer selbst oder von eigens dazu engagierten Gartenarchitekten, Gärtnern und Baumeistern.

Die bedeutendsten Anlagen in Mecklenburg tragen die Handschrift des königlich-preußischen Gartendirektors Peter Joseph Lenné (1789–1866).

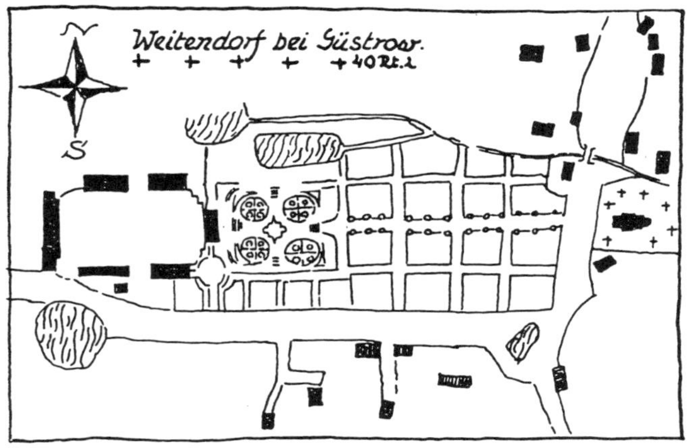

Schloß und Kirche sind durch eine Parkallee optisch verbunden (18. Jh.)

Bei der Vielzahl der nach seinen Ideen und Entwürfen gestalteten Gärten und Parks, verschönerten Gutsfluren und Landgüter, angelegten Stadtplätze, Volks- und Tierparks ist der Umfang seiner Arbeiten an den Gütern Mecklenburgs und Vorpommerns nicht vollständig ermittelbar. Lenné begann hier 1830 mit der Umgestaltung der Gutsflur in Basedow. Er wandelte diese in einen Landschaftspark um, ohne daß landschaftliche Nutzfläche verschwendet wurde. Während die Anlage um das Schloß Basedow noch heute die gekurvten Wege um eine weite, wasserdurchflossene Niederung mit randständigen Forsten zeigt, ist der kleine Blumengarten nach Lennés Entwürfen nicht mehr vorhanden. Für die Frau des Grafen Hahn war, von Mauern und Gebäuden eingeschlossen, auf etwa 0,16 Hektar ein Lustgärtlein mit Blütengesträuch, hochstämmigen Kugelbäumchen und Festons angelegt worden.

Dem selbst für Lennés gartenkünstlerische Entwicklung nicht unbedeutenden Landschaftspark in Basedow folgten Arbeiten für die Güter Varchentin (1838), Wolfshagen (1832), Remplin (1851) und andere.

Im Herbst 1840 weilte Lenné auf Einladung des Großherzogs von Mecklenburg-Schwerin in Schwerin. Nach seinen Ent-

Der Park vom Schloß Basedow wurde 1830 nach Plänen Lennés gestaltet.

würfen wurden nicht nur der Burg-, Schloß- und Grüngarten umgestaltet, sondern auch die parkähnliche Konzipierung des Wohnviertels um die Schloßgartenallee realisiert.

Später, nach 1852, wurden unter Lennés Mitwirkung die großherzoglichen Schloßgärten in Ludwigslust und Neustrelitz in englische Landschaftsparks umgestaltet, wobei Teile der französischen Anlagen erhalten blieben und geschickt in das neue Ensemble einbezogen wurden.

Um die Mitte des 19. Jahrhunderts erlebten – je nach wirtschaftlicher Lage der Güter oder entsprechend den besonderen Neigungen ihrer Eigentümer – Hunderte von Schloß- und Gutsparks Um- oder Neugestaltungen, die nicht selten mit Niedergängen verbunden waren. Aber auch in den Jahrzehnten danach wurden noch bemerkenswerte Parks im Umfeld größerer Güter angelegt. Daß diese mitunter etwas skurril ausfielen, mag der Gutspark von Roggendorf (zwischen Gadebusch und Ratzeburg) belegen. Der Eigentümer ließ um das villenartige Gutshaus (1890) einen 5,75 Hektar großen Park anlegen, der an drei Seiten von einem bis zu vier Meter hohen Wall abgeschirmt wird. Das Äußere des Walls bildet eine Wand aus Stahlbeton, die aus einem inzwischen ausgetrockneten Graben aufragt. Der Festungscharakter wird durch kleine Pforten und Eckbastionen verstärkt. Innerhalb dieses von Linden besetzten Walles kann man die Überbleibsel des einstigen Parks – mit Rasenparterre, Sichtachsen, gewundenen Wegen, Inseln, Brücken, Gräben und Teichen (jetzt allesamt ohne Wasser) – mit einiger Phantasie erahnen. Auf dem Rasenparterre finden sich zwei phantastische Sandsteinplastiken (Venus und Merkur) – bestes Barock, wer weiß woher …

Der Gutspark Roggendorf erlitt nach 1945 – wie viele der so zahlreichen Gutsparks Mecklenburg-Vorpommerns – ein Schicksal, das oft untrennbar mit dem der Schlösser und Herrenhäuser verbunden war. Im Zuge der sogenannten demokratischen Bodenreform wurden im September

1945 alle Güter mit mehr als einhundert Hektar enteignet. Die Eigentümer wurden gewaltsam vertrieben, die Bodenflächen zumeist an Flüchtlinge, Umsiedler und landlose Bauern verteilt. Schlösser und Herrenhäuser dienten zunächst als Obdach für jene, die in den Kriegswirren ihre Bleibe verloren hatten. Wen interessierten zu diesen Notzeiten die Gutsparks. Sie wurden umfunktioniert; Bäume aus Mangel an Heizmaterial gefällt, Rasen und Blumenrabatten zu Gemüsegärten. Die Gartenseite der Gutshäuser zeigte bald ein wildbuntes Sammelsurium von Schuppen, Hühner- und Kaninchenställen. Viele Parkanlagen, die derartigen Zerstörungen entgingen, verloren ihr Gesicht durch mangelnde Pflege und Wildwuchs. Schon Lenné hatte mahnend festgestellt:

»Nichts gedeiht ohne Pflege; und die vortrefflichsten Dinge verlieren durch unzweckmäßige Behandlung ihren Wert.«

Mit der Verwendung zahlreicher Herrenhäuser als Forst- und Landwirtschaftsschulen, wissenschaftliche Institute, Partei- und Gewerkschaftsschulen und -heime, Heilstätten, Kur- und Altersheime und für andere öffentliche Zwecke war oftmals auch eine Zuwendung zur Pflege, Erhaltung und Rekonstruktion der jeweiligen Parkanlagen verbunden.

Eine bislang nicht bekannte Anzahl von Herrenhäusern und Schlössern wurde primär aus ideologischen Gründen dem Erdboden gleichgemacht. So stellte am 28. Januar 1948 auf der Zonenkonferenz für Bodenordnung ein russischer Offizier fest,

Pavillion »Dem Wanderer« auf Burg Schlitz (Foto 1917)

daß in Mecklenburg bereits 198 Gutshäuser abgerissen worden seien.

Meistens gingen damit auch die noch vorhandenen Parkanlagen unter. Ausnahmen bildeten die beiden »enthaupteten« Parkanlagen von Neustrelitz und Putbus, wo die Schlösser zerstört und plattgemacht wurden, sich dadurch aber optisch völlig veränderte Gartenanlagen in einem gepflegten Zustand erhalten haben. Nach der Wende und der deutschen Einheit wurde mittels Arbeitsbeschaffungsmaßnahmen eine Grobrekonstruktion von Parkanlagen (so Basedow, Remplin, Burg Schlitz u. a.) durchgeführt.

Gleichzeitig ergibt sich aus dem Fortfall der bisherigen Träger, der präkeren Finanzsituation der Kommunen und den ungeklärten Eigentumsverhältnissen erneut eine ernsthafte Gefährdung für die verbliebenen Anlagen.

Die zahlreichen und viel zu wenig bekannten Landschaftsparks Mecklenburg-Vorpommerns zu erhalten und weitere Anlagen aus ihrem Dornröschenschlaf zu erwecken, kann nur gemeinsame Angelegenheit von Alteigentümern, Investoren und öffentlicher Hand sein.

Möge das in Granit gemeißelte Vermächtnis des Grafen Schlitz zum Maßstab für den zukünftigen Umgang mit den schönen englischen Parks in der lieblichen Landschaft Mecklenburg-Vorpommerns werden:

Der Jugend Fülle und Kraft
Der Freude Jubelton
Der Ehre Glanz

Für die Veredlung dieses
ERDPUNKTES
opferte ich sie!

Was ich gebildet gewähre
Euch Ihr Nachkommen
Des Genusses Fülle!
Mir Euren Dank.

Das Herzstück der meisten englischen Parks in Mecklenburg-Vorpommern ist ein stehendes Gewässer (Schwanenteich im Park zu Putbus).

Die Plastik des sterbenden Galaters mag als Symbol für den 1962 erfolgten Abriß des Putbuser Schlosses dienen. Die Orangerie, nunmehr Hauptgebäude des Parks, zeigt hinter den verglasten Rundbogenarkaden Kunstausstellungen.

Die älteren Einwohner von Putbus werden beim Blick vom Denkmal des Fürsten Malte entlang der Hauptachse des Parks im Hintergrund immer einen stattlichen Schloßbau vor Augen haben.

In dem an dendrologischen Kostbarkeiten reichen Putbuser Park stellt das Wildgatter nahe dem zur Christus-Kirche umgebauten und -funktionierten Kursalon ein besonderes Gestaltungselement dar, das nur wenige Anlagen aufweisen.

Die beiden Wappenlöwen vor der Orangerie befanden sich vor Zeiten am Portal des Schlosses Putbus. Rechts: Wie hier im Park Ralswiek sind es oftmals alte Solitärbäume auf wegeumschlossenen Grünflächen, die englische Landschaftsparks – durch ständig neue Sichten – abwechselnd gestalten.

Schloß und Park Ralswiek liegen malerisch am Ufer des Großen Jasmunder Boddens (die Kulissen der 1993 wiedereröffneten Störtebecker-Festspiele sind am Rande des Gewässers erkennbar).

Selbst wenn die Gewässer in vielen Parkanlagen der nötigen Pflege ermangeln, zieht eine solch zierliche Brücke an einer Einschnürung immer die Blicke an und verleiht der Anlage etwas Einladendes (Gutspark Losentitz auf Rügen).
Seite 26/27: Urwüchsig muten viele Parkgehölze an, wenn sie sich ohne gärtnerische Beschränkung entfalten konnten (Gutspark Neetzow).

Das um 1840 erbaute schloßartige Herrenhaus in Neetzow, das an der Eingangsfront mit Terrakottafiguren geschmückt ist, wird von einem gepflegten englischen Park umschlossen.

Das Rokokoportal in der Hauptachse des ursprünglich größeren französischen Parks von Karlsburg gehört – wie die Marmorplastik der Flora – im englischen Parkteil zu den schönsten Gartenarchitekturen Vorpommerns.

In Mellenthin auf Usedom, einer von einem breiten Wassergraben umschlossenen Anlage mit dem im 16. Jahrhundert erbauten Wasserschloß, haben sich (auf der Insel) Reste des kleinen Landschaftsparks erhalten.

Mitunter sind es nur eine kurze Allee betagter Linden und ein kleiner Teich, die in einem Landschaftspark Bewunderung erwecken (Mollenstorf).

Wer wird den Wagen aus dem Teich ziehen? Nicht nur in Mollenstorf gehört die Entschlammung und Entrümpelung der Gewässer des Gutsparks zu den notwendigen und sicher kostspieligen Sanierungsvorhaben.

Selten sind die Familiengrabstätten der vormaligen Gutseigentümer (die oft in den oder am Rande der Parks angelegt wurden) nach erfolgter Rekonstruktion so intakt wie in Vanselow die Ruhestätte derer von Maltzahn.
Seite 36/37: Wieviel Generationen von Parkbesuchern – Spaziergängern, Ruhesuchenden oder Liebenden – hat die große Prutvase aus Zinkguß im Schloßpark Neustrelitz wohl gesehen?

Im Schnittpunkt von Gartenhauptachse und Tempelallee steht in Neustrelitz der runde Hebetempel ionischer Ordnung mit der Kopie der zierlichen Hebe von Canova.

Die Lindenreihen parallel zur Hauptachse des Schloßparks von Neustrelitz mögen als Anhaltspunkt für die einstige Schönheit dieses französischen Parkteiles dienen.

Im englisch orientierten Parkteil, auf dessen Gestalter die Marmorplatte hinweist, bildet der Erinnerungstempel zu Ehren der preußischen Königin Luise das Bezugsbauwerk für die unterschiedlichsten Sichtachsen.

Bronzehirsche (nach Entwürfen von Christian Daniel Rauch) kündigen in Neustrelitz den Zugang zum ehemaligen großherzoglichen Damwildgarten an.

Das Sandsteindenkmal von 1789 zu Ehren der beiden Gemahlinnen des mecklenburgisch-strelitzschen Herzogs Carl im Landschaftspark von Hohenzieritz erinnert sehr an die Ludwigsluster Kaplunger-Plastiken.

Der Luisentempel in Hohenzieritz wurde 1815 zu Ehren der am 19. Juli 1810 während ihres dortigen Sommeraufenthaltes plötzlich verstorbenen Königin Luise von Preußen, geborene Prinzessin von Mecklenburg-Strelitz, errichtet.
Seite 44/45: Hinter dem Schloß Mirow führt diese Brücke auf jenes Inselchen, dessen Mittelpunkt das Grabdenkmahl des letzten Großherzogs von Mecklenburg-Strelitz, Adolf Friedrich VI., bildet.

Im Kittendorfer Park ermöglichen zwei vierreihige Lindenalleen angenehme Spaziergänge.
Links: Viele bemerkenswerte Familiengruften, wie hier in Varchentin, befinden sich in verborgenen Winkeln des Parks und präsentieren sich dem heutigen Besucher in einem erbärmlichen Zustand.
Seite 48/49: Von der Gartenfreitreppe des um 1850 errichteten Schlosses Kittendorf blickt man auf das Mühlenstaugewässer und einen kleinen Teil des Landschaftsparks.

Wie eine Filmkulisse muten in Basedow die Reste der mittelalterlichen Burganlage an, die von Lenné geschickt in die Gestaltung des Landschaftsparks einbezogen wurden.

Die um 1830 vom königlich-preußischen Gartendirektor Lenné konzipierte englische Parkanlage von Basedow gehört zu den schönsten Mecklenburgs.

Im Park von Remplin finden sich Reste der Gartenarchitekturen auch an jenem kleinen Gewässer, das in Richtung der 1793 errichteten ersten Sternwarte Mecklenburgs (Ruine) fließt.

Gleich zwei um 1900 gefertigte Neorokokoportale sind in der Einfriedung der Gutsanlage Blücherhof zu sehen. Das Herrenhaus erhielt 1904 durch Umbauten seine eigenwillige neobarocke Fassade, von der jedoch nur einige Details erhalten sind.

Die Gestaltung und Ausstattung des Parks Blücherhof mit seiner ungewöhnlichen Ansammlung der verschiedensten Bäume und Gehölze erfolgte erst im Zuge des Schloßumbaues nach Ideen des Eigentümers (des Zoologen Alexander Koenig) durch den Gartenarchitekten Kuphalt.
Seite 56/57: Im unteren Parkteil von Burg Schlitz führt ein Weg über skurrile Granitbrücken um den Teich; im Hintergrund auf dem Inselchen der Adelen-Obelisk.

Zu den Kuriositäten nicht weniger englischer Parks in Mecklenburg-Vorpommern zählen die künstlich angelegten »Großsteingräber«; in Burg Schlitz sind es gleich mehrere, von denen eines (links im Bild) von Granit-Trogmühlen umlegt wurde.
Rechts: Eines der sechsunddreißig (!) Granitdenkmale des Parkes von Burg Schlitz ist der Gräfin Schlitz gewidmet.

KAROLINEN GRAEFINN

Von der Gartenterrasse des als Hotel genutzten Barockschlosses Vietgest hat der Gast einen Blick über die rekonstruierte französische Parkanlage in die Weite der Landschaft.

Ganz anders zeigt sich der Vietgester Park zum Sommeranfang: Pflanzenpracht an der Pergola.

Mit viel Mühen und großem Aufwand ab 1978 nach Stichen aus dem 17. Jahrhundert wiederhergestellt: der Renaissancegarten vor dem Südflügel des Güstrower Schlosses.

Dem Schloßgarten mit seinen Laubengängen und geometrischen Zierbeeten galt das besondere Interesse des ansonsten kriegerischen Feldherren Albrecht von Wallenstein.

Der Uferweg des Schweriner Burggartens führt durch die archaisch wirkende Natursteingrotte hindurch. Auf der Grotte, am Weg zur Aussichtsplattform, steht der Gedenkstein für Auguste, Gemahlin des Großherzogs Friedrich Franz II.

Neben den schönen Architekturdetails der seeseitigen Schloßfassade erfreuen den Burggartenbesucher die Vielfalt und Gestalt der Pflanzen und Gehölze.

Wer Seelenfrieden sucht, sollte die stille Schönheit der Kanäle, Brücken und Alleen des Schweriner Schloßgartens auf sich wirken lassen.
Seite 68/69: Blick vom Schloß parallel zur Hauptachse des Schloßgartens über die weitgehend erhaltene französische Parkanlage.

Reichlich preußisch mutet das bronzene Reiterstandbild des Großherzogs Friedrich Franz II. an, das 1893 in die Hauptachse des Schloßgartens gesetzt wurde. Der Reiter mit der Pickelhaube ist auf das Schloß orientiert; hinter ihm der Kreuzkanal mit den vierzehn vorzüglichen barocken Sandsteinskulpturen.

Nach 1862 wurden die beiden großen Laubengänge (Weißbuchen) angepflanzt. Sie erlauben selbst an heißen Sommertagen Spaziergänge in angenehmer Frische.
Allegorische Figur des Herbstes am Kreuzkanal.
Seite 74/75: »Gespenstisch verwachsene Linden« (Meyer-Scharffenberg) beim Schloß Bothmer.

Der rote Backstein des Barockschlosses Bothmer leuchtet zwischen den Stämmen der gespaltenen und gestutzen Linden hervor.

Eine Besonderheit der barocken Parkanlage von Bothmer ist der kreisrunde Teich mit Insel und Schwanenhäuschen in der Hauptachse der Anlage.

Genügend Platz für eine ganze Wandergruppe: Rundbank um eine Uraltlinde im Park von Hasenwinkel (das Schloß ist ein prachtvoller Bau, um die Jahrhundertwende im Neobarock errichtet).

Das Farben- und Formenspiel von Bepflanzung und Kleinarchitektur gehört allerorten zu den entdeckenswerten Details (Hasenwinkel).

Den um die Jahrhundertwende angeleg-ten Gutspark von Roggendorf schmücken auch zwei barocke Sandsteinplastiken. Am desolaten Pavillion des Parkes findet sich, als Betonrelief, eine antike Tanzszene.
Seite 82/83: Glänzende Parkfeste soll der Mecklenburg-Schweriner Hof im Ludwigsluster Schloßpark an der künst-lichen Ruine (aus Raseneisenstein) gefeiert haben.

Unter der 1780 über den Großen Kanal geschlagenen »Steinernen Brücke« rauscht das Wasser sommers wie winters über eine Steinschwelle.
Rechts: Die nunmehr katholische Kirche St. Helena im Ludwigsluster Schloßpark wurde zu Beginn des 19. Jahrhunderts auf einem Inselchen errichtet.
Seite 86/87: Mit der Großen Kaskade am Schloßplatz (1780) holten sich die Herzöge einen Hauch von Versailles in ihre kleine Residenz Ludwigslust.
Seite 88: Zu den vorzüglichsten Arbeiten des Bildhauers Rudolf Kaplunger zählt die im Ludwigsluster Schloßpark etwas versteckt aufgestellte Plastik zu Ehren des Herzogs Friedrich (1788), der zu den eifrigsten Beförderern der Gartenarchitektur in Mecklenburg zählt.

PARK ZU PUTBUS

Nur wenige Städte bieten ein derart geschlossenes und nahezu stilreines klassizistisches Gesamtbild wie Putbus auf der Insel Rügen. Wilhelm Malte von Putbus (1783–1854) ließ zwischen 1808 und 1823 den Ort nach dem Vorbild von Bad Doberan als Residenz- und Badeort gestalten. Lag auf der einen Seite der Landstraße von Garz nach Granitz der Schloßbezirk mit dem ihn umgebenden Park, so wurden auf der anderen, nördlichen Seite entlang der Alleestraße das Kurhaus, Wohn-, Geschäfts- und Logierhäuser sowie Herbergen aufgeführt. In Höhe des Schlosses wurde diese geschlossene Bebauung aus zwei- und dreigeschossigen, quaderverputzten und weißgetünchten Häusern durch den Marktplatz und in der Höhe der Kastanienallee durch einen runden, villenumstandenen Platz aufgelockert. Am Markt fällt der Theaterbau ins Auge, dessen zur Alleestraße weisende Hauptfront mit einem Portikus von vier toskanischen Säulen versehen ist.

Der Park ist älter als die planmäßig angelegte Ortschaft. Graf Moritz Ulrich I. hatte bei dem zwischen 1725 und 1772 zum Schloß erweiterten Herrenhaus einen Park im französischen Stil anlegen lassen. Leider haben sich keine Details dieser Anlage überliefert. Der aus Bergen/Rügen stammende Chronist und Heimatdichter Johann Jacob Grümbke (1771–1849) schrieb 1805 in seinen »Streifzüge(n) durch das Rügenland«:

»Auf dem Schloßhof sind zu beiden Seiten kleine, leichte Gartenpartien, der Hauptgarten aber liegt rechts am Schloß und ist von ziemlichem Umfang. In den Anlagen herrscht noch der altfranzösische Geschmack, und die geraden Gänge und scharf gestutzten Hecken hatten wenig Interesse für mich. Ich vernahm jedoch, daß dem Garten eine große Revolution bevorstehe, wodurch er sicher sehr gewinnen wird. Weit anziehender war mir ein an diesen Garten sich anschließender Lusthain, die Wusternitz genannt, worin auf englische Art Schlangengänge ausgehauen und Anpflanzungen von Akazien und anderen ausländischen Bäumen und Staudengewächsen gemacht sind …«.

Zu Beginn des 19. Jahrhunderts wurde eine bedeutende Erweiterung und Umgestaltung des Parks unter Fürst Wilhelm Malte vorgenommen. Dabei entstand einer der schönsten und mit seinen 75 Hektaren auch einer der umfassendsten Landschaftsparks Mecklenburg-Vorpommerns. Im Wechsel von schnurgeraden Kastanien- und Lindenalleen, gekurvten Wegen durch unebenes Gelände, artenreicher Bepflanzung, bemerkenswerten Gartenarchitekturen, Gräben, Teichen sowie schließlich einem acht Hektar großen Wildgehege liegt eine der Wirkungen auf den Besucher.

Ein anderer wirkungsvoller Effekt ist die Anbindung des Parks über viele Wege und mindestens zwei Alleen an das Städtchen. Dadurch werden die eigentlich scharfen Begrenzungen der Grünanlage wohlgefällig aufgelöst.

Von der Veranda des auf einer kleinen Anhöhe jenseits der Alleestraße thronenden Kurhauses wird der Blick zunächst vom Wildgatter eingefangen, in welchem Rot- und Damwild eingehegt ist. Östlich vom Gehege leuchtet hell aus dem Grün der Bäume die Christus-Kirche, ein spätklassizistischer verputzter Backsteinbau,

Schloß Putbus mit Schwanenteich um 1830.

der zunächst 1844-1846 als Kursalon erbaut worden war. Seit dem Umbau von 1890-1892 hat das Gebäude, dem ein dreigeschossiger Turm vorgelagert wurde, einen basilikalen Querschnitt.

Vom Markt aus führt die Musikerallee an der Christus-Kirche vorbei und bietet wenige Meter hinter derselben eine phantastische Sicht über die nördliche Bucht des Schwanenteiches. Es ist dieses die ursprüngliche Hauptachse des Parks, in deren Schnittpunkt mit anderen Linien und Wegen sich das Schloß befand. Heute ragen am anderen Ufer des Teiches die Reste einer einstmals prächtigen Terrassenanlage mit paarigen Treppen und rankenüberwachsenen Pergolen auf. Leider wurden erst vor nicht allzulanger Zeit auch noch die aufstrebenden Pergolenpfeiler aus verputztem Mauerwerk bis auf Brüstungshöhe abgetragen …

Hinter den gemauerten Terrassen am östlichen Teichufer sieht man eine größere Rasenfläche, auf der sich vor dem gestaffelten Grün des anschließenden Baumbestandes in leuchtendem Weiß ein Standbild abzeichnet. Es ist die auf hohem Sockel stehende überlebensgroße Marmorstatue des Fürsten Wilhelm Malte I; von Friedrich Drake (1805-1882) geschaffen und im Juni 1859 aufgestellt. Fürstin Louise setzte damit dem fünf Jahre zuvor verstorbenen Gründer des Badeortes Putbus ein Denkmal, das die Stürme der jüngeren Zeit überstand. Der mächtige Sockel trägt vier Reliefs mit szenischen Darstellungen. Die wohl bemerkenswerteste ist die auf der Rückseite des Postaments. Darauf sind der große Baumeister Karl Friedrich Schinkel, der Maler Kolbe und der Bildhauer Thorwaldsen vor dem Jagdschloß Granitz dargestellt.

Die Sicht vom hohen westlichen Ufer des Schwanenteiches auf das ferne Malte-Denkmal ist eine ungewollte, weil einstmals vom Gartenarchitekten nicht konzipierte. Noch bis zum Beginn der sechziger Jahre dieses Jahrhunderts thronte oberhalb der Hangterrassen, Treppen und Pergolen als größter und bedeutendster Profanbau der Insel Rügen das fürstliche Schloß.

Johann Jacob Grümbke schrieb 1805:

»Das herrschaftliche Schloß, das seine gegenwärtige Form 1725 durch den Anbau neuer Flügel erhielt, hat ein helles, frisches Ansehen, und gut nimmt sich die Hauptfassade vom Schloßhof aus. Vormals war es von einem tiefen Graben umfaßt, von dem man noch Spuren wahrnimmt.«

Grümbke gibt sich von der Aussicht in die Landschaft, die er vom Altan des Schlosses hatte, begeistert. Der von ihm besichtigte Residenzbau, der ganz im barokken Geschmack gehalten war, umfaßte in der Hauptfront 23 Achsen. Zwischen 1827 und 1832 erfolgte ein tiefgreifender Umbau im Stil des Klassizismus. Das Gebäude brannte Weihnachten 1865 aus und wurde zwischen 1867 und 1872 wieder aufgebaut. In dieser Gestalt bestimmte es bis zum Jahre 1962 das Antlitz des Parkes als dessen optischer Mittelpunkt. Nachdem das Gebäude ab 1946 zunächst als Verwaltungs- und dann als Lagerhaus genutzt wurde, verkam es in den fünfziger Jahren durch unterlassene Instandhaltung zu einer Ruine, die trotz zahlreicher und energischer Einwände der Denkmalpfleger und trotz der rekonstruktionswürdigen Bausubstanz aus wohl vornehmlich ideologischen Gründen im Jahre 1962 gesprengt wurde. Diese verantwortungslose Zerstörung des Schlosses hat das Gesicht des Parks zwar radikal verändert, konnte ihn jedoch nicht auslöschen.

Wer das Schloß auf alten Ansichten oder gar noch als Bauwerk gesehen hat, wird das Bild dieses Gebäudes immer vor seinem geistigen Auge sehen - egal, ob er von der Orangerie, dem Malte-Denkmal, dem Marstall oder der Christus-Kirche über das geräumige Rasenplateau des Parks im Nordosten des Schwanenteiches schaut.

Ein Spaziergang um den Teich, der durch den Krebsbach nach Süden entwässert, lohnt sich. Gleich hinter der Christus-Kirche hebt sich das Gelände. Am Beginn des Philosophenweges findet sich an einer Wegegabelung der sogenannte Gärtnerstein:

»Dem langjährigen Garteninspektor Carl Günther, Heger und Pfleger dieses Parks, 1891-1938, zur Erinnerung gewidmet. Malte Herr zu Putbus«.

Der Philosophenweg führt im leichten Bogen hügelan. Auf der Kuppe findet sich das monumentale Kriegerdenkmal zu Ehren der Gefallenen des Ersten Weltkrieges, eine Art offener Rundtempel aus Granitsteinen mit rundbogigen Öffnungen.

Der Weg führt weiter um den Schwanenteich herum und an den Ruinenresten des Vogelhauses vorbei. Das ehemals zweigeschossige Gebäude hatte einen achteckigen Grundriß. Kaum vorstellbar, daß es um 1930 noch intakt und bis 1950 für Wohnzwecke genutzt wurde.

Wo der den Teich umschließende Weg auf die Kastanienallee stößt, steht nahe dem Ufer des stillen Gewässers das 1830 erbaute Affenhaus. Das heute veränderte und für Gewerbezwecke genutzte Gebäude diente ursprünglich als Zwinger für Affen und Meerkatzen.

Die Kastanienallee, die vom Circus nach Wreechen (am Greifswalder Bodden) führt, zerschneidet den Park in zwei Teile. Das kleinere, östliche Parkareal ist das ältere.

Vom Circus aus umziehen mehrere Wege einen ins Grün getauchten Gebäudekomplex: das Rosencafé. Das auch als »Villa Löwenstein« bekannte Haus wurde 1828/29 als Gärtnerwohnung errichtet. Die Chronisten wissen zu berichten, daß Fürst Otto von Bismarck sich im Herbst 1866 als Gast des Fürsten Wilhelm von Putbus in

Schloß Putbus mit Pergola und Freitreppe (Foto 1918)

der Gartenvilla aufhielt. Bismarck soll an diesem Ort den Entwurf der Verfassung des Deutschen Reiches erarbeitet haben.

Hier, in unmittelbarer Nähe der Gärtnerwohnung, war der Park besonders liebevoll gestaltet. Seltene Gewächse, Terrassen, Plätze, Pergolen, Sitzbänke, eine phantasievolle Wegeführung und weite Sichten in die Landschaft wechseln auf relativ engem Terrain. So hat man vom Bismarckstein, einem Denkmal zu Ehren Bismarcks (irgendwann nach 1945 wurde die Inschrift entfernt), einen weiten Blick auf den Greifswalder Bodden. Solche Blickachsen sind im östlichen Parkteil an mehreren Stellen auszumachen. Interessant ein Baumrondell, auf dessem runden Platz die filigrane Pflasterung auch ohne Phantasie einen vormaligen Tennisplatz erkennen läßt. Das wohl erst in diesem Jahrhundert zur Sportanlage umfunktionierte Rondell ist von prächtigen Platanen umstanden. Überhaupt sind im Gartenteil am Rosencafé seltene Gehölze anzutreffen: Urwelt-Mammutbaum, Lebensbaumzypresse, Ginkgo, Japanische Kirsche, Buchsbaum, Hängefichte, Kirschlorbeer, Nordmannstanne, Kaukasische Flügelnuß, Virginischer Wacholder und Tulpenbaum.

Wenn es wahr ist, daß jeder Park eine (seine) ganz besondere Jahreszeit hat, so ist es in Putbus der Frühling. Es ist die Blüten- und Duftzeit von Allium ursinum. Große Flächen der Anlage sind vom Bärenlauch bedeckt, der einen starken Geruch nach Knoblauch ausströmt. Ursprünglich als Ziergewächs eingesetzt, verbreitete sich der verwilderte Bärenlauch im Park und sorgt für ein Fluidum, wie es nur im Landschaftspark von Putbus anzutreffen ist.

KLINIKPARK KARLSBURG

Fährt man von Anklam auf der Bundesstraße 109 nach Greifswald, so quert man auf etwa halber Strecke das Flüßchen Swinow, welches entgegen allen Erwartungen nicht gen Bodden, sondern landein fließt, um endlich bei dem Städtchen Gützkow vom Peene-Strom aufgenommen zu werden. Verursacht wurde diese ungewöhnliche Fließrichtung durch eine etwa fünfzig Meter hohe Hügelbarriere um den Möckower Berg, auf dessen Ausläufer der Ort Karlsburg errichtet worden ist.

Das ehemalige Gutsdorf, das bis 1771 den Namen Gnatzkow trug, ist weithin bekannt durch das große Diabetiker-Klinikum. Es ist im Herrenhaus und weiteren Gebäuden untergebracht. Das 1732 begonnene schloßähnliche Gutshaus gehört zu den bedeutendsten barocken Bauten Vorpommerns. Es befand sich bis 1945 im Besitz der Familie des Grafen von Bismarck-Bohlen.

Leider ist das Terrain der dem Dorf zugewandten Seite des Hauptgebäudes mit zahlreichen Stationshäusern des Klinikums verbaut. Damit hat die ursprünglich französische Parkanlage viel von ihrer Wirkung verloren. Die auf das Hauptportal zuführende Lindenallee, die beiden Teiche und eine schöne Portalnische mit kunstvollem Gitter sind Überbleibsel einstiger barocker Prägung. Das schmiedeeiserne Rokokoportal hat man von seinem ursprünglichen Standort in der gleichen Achse näher an das Haupthaus gerückt. Es bildet nunmehr den Abschluß eines in barocken Formen gestalteten Ehrenhofes, der beidseitig durch Bauten aus jüngerer Zeit begrenzt wird.

Im Süden des gewaltigen Gebäudekomplexes erstreckt sich ein Landschaftspark mit einigen Überraschungen. Das Gelände fällt nach Süden und Osten ab, so daß vom Gartensaal des Haupthauses der Blick über das Rasenparterre in die weite Niederung des fernen Swinow-Flüßchens schweifen kann.

Von dem ursprünglich wohl mit dem Schloßbau eingerichteten Park des 18. Jahrhunderts sind im südlichen Parkteil keine Stilelemente mehr auszumachen. Die Umgestaltung als Landschaftspark soll um die Mitte des 19. Jahrhunderts durch den Landschaftsgärtner Franz erfolgt sein. Dabei wurden im linken, höheren Geländeabschnitt Buchen und Linden gepflanzt. Ein kegelförmiger Hügel nahe am Haupthaus erweist sich als ehemaliger Eiskeller.

Geschwungene Wege führen durch den hohen Baumbestand und geleiten den Spazierenden auf die großzügige Grünfläche. Ein Pfad führt am äußeren Rand des Wiesengeländes entlang. Diese in schönen Bögen geformte Kante wird durch einen zum Teich aufgestauten Bach bestimmt. Aus dem kleinen Gewässer ragt als Hügel eine Insel heraus. Es kann vermutet werden, daß es sich bei jenem wasserumschlossenen Kegel um einen sogenannten Turmhügel handelt – die Reste einer Wehranlage aus dem Mittelalter. Solche geschichtlichen oder archäologischen Denkmale wurden von den Gartenarchitekten gern in die Gestaltung englischer Parks einbezogen.

Der Uferweg führt – an einigen Koniferen vorbei – zu einer etwas höher gelegenen Baum- und Strauchgruppe. Etwas versteckt an ihrem Rand befindet sich auf einem Sockel eine schöne Marmorplastik der Göttin Flora. Unter den zu ihren Füßen abgelegten Feldsteinen ist eine frühgeschichtliche Trogmühle auszumachen. Parkbänke an den Wegen und in Koniferen-Nischen laden dazu ein, an der Ruhe des Parkes teilzuhaben. Wer indes weiterwandert, wird am Rande des Baches einen behauenen Granitstein finden, dessen Bedeutung infolge fehlender Inschrift leider nicht ermittelt werden konnte. So bleibt auch beim Park von Karlsburg einiges an Geheimnisvollem und Merkwürdigem zurück und lockt zur Wiederkehr.

SCHLOSSPARK NEUSTRELITZ

Als 1712 das herzogliche Residenzschloß in Strelitz abbrannte, entschied sich Adolf Friedrich III. (1686–1752) für den Ausbau seines Jagdschlößchens im benachbarten Glienke.

Die erste Stufe des Schloßausbaues (Fachwerk) wurde 1726–1731 von dem Braunschweiger Christoph Julius Löwe ausgeführt, der zugleich herzoglicher Kunstgärtner war. Die dreiflügelige Anlage erhielt 1755 massive Außenwände und wurde 1817 und 1865 wesentlich umgebaut sowie von 1905–1909 großzügig erweitert.

In Nachbarschaft des Schlosses ließ der Herzog ab 1730 das neue Strelitz (Neu-Strelitz) nach Plänen von Löwe auf einem sternförmigen Grundriß entstehen. Der Ort erhielt schon 1759 Stadtrecht.

Südlich des Residenzbaues wurde das herzogliche Jagdrevier, ein Damwildtiergarten, als Waldpark bereits vor dem ersten Erweiterungsbau im Jahre 1721 eingerichtet. Den ehemaligen Eingang zum Tiergarten schmücken noch heute zwei auf Granitpfeilern ruhende Bronzehirsche nach Entwürfen von Christian Daniel Rauch.

Der sich nach Norden bis zum Ufer des Ziercker Sees erstreckende Schloßpark wurde 1732 durch Löwe angelegt. Die barocke Anlage war durch eine sich zum See hin verjüngende Hauptachse mit beidseitig flankierenden Quartieren geprägt.

Ein Parkplan vom Ende des 18. Jahrhunderts zeigt, daß sich diese Achse hinter dem Ehrenhof des Schlosses über eine Teichbrücke in den Tiergarten fortsetzte. Unterhalb des im Mittelpunkt stehenden Schlosses waren drei Rasenterrassen angelegt. Nahe dem Ziercker See war der Barockpark mit einem aufgeschütteten Damm und einem wassergefüllten Graben nach außen abgegrenzt. Dieser Erdwall trägt jetzt zwei Lindenreihen (Tempelallee). Im Schnittpunkt dieser Allee mit der Gartenhauptachse steht der runde Hebetempel ionischer Ordnung. In der kleinen Halle bildet eine Kopie von Canovas Hebe den entscheidenden Blickfang. Die graziöse Plastik ist dem Schloßhügel zugewandt. Der Tempel, dessen Säulen nach den Maßen des Erechtheion ausgebildet sein sollen, wurde um 1840 nach Plänen von Friedrich Wilhelm Buttel errichtet. Diesem, einem Schüler Schinkels, unterstanden für ein halbes Jahrhundert alle großherzoglichen Bauten.

Georg Krüger, der Bearbeiter und Herausgeber der »Kunst- und Geschichts-Denkmäler des Freistaates Mecklenburg-Strelitz« (1925), führt zur Geschichte dieses Barockgartens aus:

Schloßanlage Neustrelitz um 1770.

»Nach einer Reise nach Versailles ließ Adolf Friedrich IV. den Garten völlig umwandeln. Fachwerk-Arkaden und Freitreppen wurden angelegt, ein Tempel erbaut und zahlreiche Bildwerke aufgestellt. Nachdem bereits 1790 die linke Hälfte in englischem Geschmack umgestaltet war, ließ Herzog Carl 1802/03 die Arkaden und Freitreppen abbrechen. Großherzog Georg gab dem Garten dann die Gestalt, die er im wesentlichen heute noch besitzt. Nur ließ Adolf Friedrich VI. auch die rechte Hälfte nach englischer Art umformen«.

Im Park findet sich eine pultartig auf einem Säulenstumpf angebrachte Marmorplatte mit dem Hinweis, daß Peter Joseph Lenné, 1789–1866, Gartendirektor, diesen Teil des Parks gestaltet habe. Ob und wie der vielgefragte königlich-preußische Gartendirektor direkten Einfluß auf die Umgestaltung der Anlage in einen Park nach englischem Geschmack (bei Beibehaltung barocker Gestaltungselemente) genommen hat, ist bislang nicht hinreichend geklärt.

Doch erscheint der Park heute stark verändert. Die Neustrelitzer gehört zu den als »geköpft« zu bezeichnenden Anlagen. Das Schloß, der früher immer wieder ins Blickfeld wandernde zentrale Baukomplex, thront nicht mehr auf der Parkanhöhe. Das

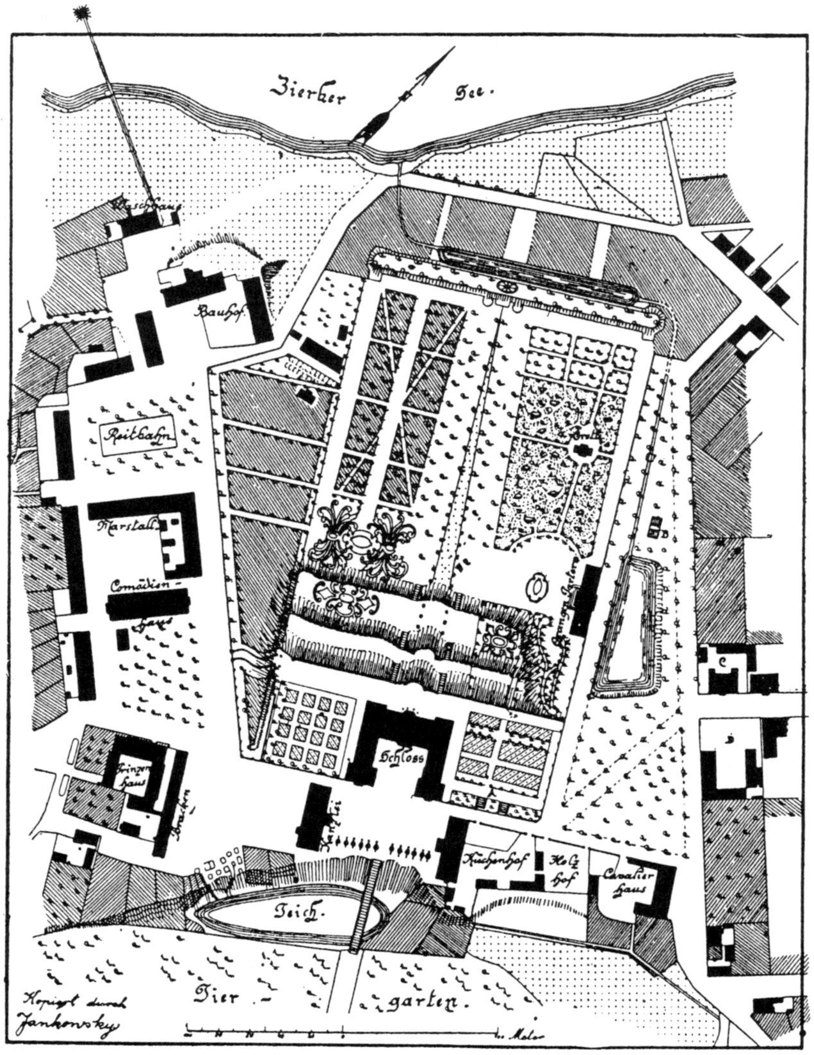

Plan der Parkanlage Neustrelitz um 1790.

Gebäude, das nach dem Freitod des letzten Großherzogs von Mecklenburg-Strelitz, Adolf Friedrich VI. (1918), und der Abdankung der Großherzöge politisches, geistiges und kulturelles Zentrum Ostmecklenburgs war, wurde 1945 schwer beschädigt und in den Folgejahren aus vorwiegend ideologischen Gründen dem Erdboden gleichgemacht. Bis 1991 befanden sich Baracken auf dem Standort des einstigen Residenzschlosses, die den Eindruck der englischen Gartenanlage mit ihrem französischen Kern erheblich schmälerten.

Daß sich bei alledem die Gartenanlage mit ihrer Vielfalt von Alleen, Sichtachsen, Springbrunnen, Skulpturen, Tempeln, Denkmalen, Solitärbäumen und Zierhekken erhalten hat, ist erstaunlich. Im Bericht des Landesamtes für Denkmalpflege (1952) heißt es zu Neustrelitz unter anderem:

»Die übrigen Gebäude im Park und dieser selbst sind relativ unversehrt geblieben; die Orangerie konnte zur 75-Jahrfeier der Ingenieurschule Alt-Strelitz wieder instandgesetzt werden«.

Mit dem Wegfall des Schlosses als axialer Punkt des Tiergartens und des Schloßparks übernahm die nordöstlich des vormaligen Schloßplatzes gelegene Orangerie die Funktion des Hauptgebäudes der Anlage.

Bereits ein Lageplan aus dem Jahre 1791 zeigt an der Stelle des heutigen, 1842 in klassizistischen Formen durch Karl Friedrich Schinkel und Friedrich Wilhelm Buttel umgebauten Gartenhauses ein »Orangen-Parterre«, das 1755 von A. Seydel errichtet worden war. Nördlich der Orangerie schließt sich, parallel zur Hauptachse gelegen, die Götterallee an.

Neun Statuen antiker Götter, Gestalten und allegorischer Figuren (Apollo, Meleager, Artemis, Hera, Ares, Zeus, Najaden, Herbst und Winter) sind die Überbleibsel von vormals zweiundzwanzig in der zweiten Hälfte des 18. Jahrhunderts geschaffenen Sandsteinplastiken, die ursprünglich beidseitig der sich verjüngenden Hauptachse des Gartens aufgestellt waren.

Eine zweite Götterallee befand sich um die Mitte des 18. Jahrhunderts bereits an der südöstlich des Schlosses gelegenen Hauptzufahrt. Eine zeitgenössische Abbildung zeigt mindestens zehn Skulpturen auf hohen Podesten. Diese wurden – wohl in der Mitte des 19. Jahrhunderts – durch Zinkkopien antiker griechischer Skulpturen ersetzt. Fünf von diesen Bildwerken sind noch heute an der ins Leere führenden, kopfsteingepflasterten Zufahrt zu sehen.

Auf diesem ehemaligen seitlichen Schloßvorplatz thront zwischen Orangerie und Schloßkirche (1855-1859 von Fr. Wh. Buttel) seit wenigen Jahren das bronzene Standbild des Großherzogs Georg (1779-1860). Es hatte ursprünglich seinen Platz im Schnittpunkt der acht strahlenförmigen Straßen der Stadt Neustrelitz. Nach 1945 mußte es einem Ehrenmal für die gefallenen Sowjetsoldaten weichen, wurde in einer Kirche vor Zerstörung gesichert und erst nach über vierzig Jahren am neuen Standort vor der Schloßkirche aufgestellt. Um den als Grünanlage gestalteten Vorplatz sind in der Nähe des Standbildes von Großherzog Georg auf hohen Sockeln die bereits etwas verwitterten Marmorbüsten von zwei weiteren Vertretern des mecklenburgisch-strelitz'schen Fürstenhauses aufgestellt: Großherzog Karl II. (1741-1816) und Herzog Karl (1785-1837).

Wer sich nunmehr dem westlichen Parkteil zuwendet, kann auf geschwungenen Wegen einen beschaulichen Landschaftspark durchwandern. Die Anlage wird im Südwesten vom Theaterbau sowie dem ehemaligen Marstall begrenzt. Im Nordwesten und Norden schließt eine leicht gekrümmte Lindenallee den Park gegen den Ziercker See ab. Das Terrain steigt nach Norden kaum merklich an. Der höchste Punkt trägt ein gartenarchitektonisches Kleinod: den Luisentempel. Großherzog Friedrich Wilhelm (1819-1904) ließ 1891 - nach dem Vorbild antiker Tempel mit viersäuliger Vorhalle - einen Gedächtnisbau zu Ehren seiner Tante, der preußischen Königin Luise, errichten. Luise, die Tochter des mecklenburg-strelitz'schen Herzogs Karl II., war 1810 im benachbarten Hohenzieritz erst vierunddreißigjährig verstorben. Der Gedächtnistempel für die allerorts beliebte königliche Gemahlin ist außen mit schlesischem Sandstein und innen mit italienischem Marmor verkleidet.

Das Gebäude, beidseitig von jüngeren Nadelbäumen flankiert, leuchtet hell aus dem zu jeder Jahreszeit in eine andere Farbe getauchten westlichen Parkteil und bildet, wenn auch am Rande stehend, dessen optischen Mittelpunkt.

Am schönsten ist der Park an einem sonnigen Herbsttag, wenn die Linden, Eichen und Kastanien mit goldgelben Farbtönen dem Auge schmeicheln und die einsame Ruhe der Alleen und Wege die Seele streichelt.

Hebetempel (Foto 1957)

Teilansicht des Schlosses Remplin um 1850

SCHLOSSPARK REMPLIN

An der Landstraße von Teterow nach Malchin liegt Remplin, ein im Durchfahren unauffälliges Dorf. Im Umfeld nehmen die zahllosen Reize der Mecklenburgischen Schweiz die Aufmerksamkeit des Reisenden gefangen, insbesondere die für Mecklenburg ungewöhnlich stark bewegte Hügellandschaft, die stolzen Buchenwälder und die sich in tiefen Geländeeinschnitten erstreckenden Seen.

Doch in Remplin einen Halt zu machen, lohnt sich für die Interessenten an Mecklenburgs Geschichte allemal. Im Ort, direkt bei den eigentlich dorfuntypischen und wenig einfallsreich gestalteten drei- oder viergeschossigen Wohnblocks, stößt man auf die Rudimente der einstmals prächtigen barocken Schloßanlage.

Früher gelangte man in den Schloßbezirk durch einen quadratischen Turm mit Durchfahrt. Dieser steht heute wie ein Fremdkörper in einem ruinösen Zustand im Dorf. Der barocke Turmhelm über der Laterne war 1991 bereits desolat, hing schief und drohte herabzustürzen. Inzwischen (1992) hat man die obere, hölzerne Turmhälfte zur Rekonstruktion heruntergehoben und neben das steinerne Torhaus gesetzt.

Es gehört sehr viel Phantasie dazu, sich vorzustellen, daß der Weg durch das Tor direkt auf ein repräsentatives Schloß zuführte. Die Dreiflügelanlage, um die Mitte des 18. Jahrhunderts errichtet, war gegen das Dorf und die Umgebung durch eine vom Torturm ausgehende Mauer abgegrenzt. Eine Lithographie von J. Gottheil aus der Mitte des 19. Jahrhunderts zeigt einen zweigeschossigen Bau mit Flügeln, Eckpavillons und Walmdach inmitten von viel ungeordnetem Grün. Bei Schlie heißt es, daß die Familie von Hahn seit dem Spätmittelalter das Gut im Besitz hatte und daran bis 1816 festhielt. In jenem Jahre erwarb *»der Fürst Georg Wilhelm von Schaumburg-Lippe das Gut Remplin. Von diesem kaufte es 1848 der Landschaftsdirektor von Maltzahn auf Sommerstorf, um es vier Jahre später dem Herzog Georg von Mecklenburg-Strelitz zu überlassen, der das in einem prachtvollen Park gelegene Schloß durch Vor- und Anbauten nach Entwürfen des Geh. Regierungsrates Hitzig in Berlin erweiterte und mit kostbaren Denkmalen aller Art gefüllt hat«*. Eine fotografische Abbildung um die Jahrhundertwende zeigt ein von der Ausschmückung her stark verändertes Schloß. Die Fassade des Mittelrisalits ist mit Attikafiguren und -vasen sowie mit Figurenreliefs überreich gestaltet. Auf dem Rasenparterre sind vor dem Hauptportal zwei Sockelplastiken vor einer Doppelreihe (nach französischer Art zu Säulen gestutzter) Zierbüsche zu sehen.

Nur ein kleiner, zwischen Wohnblökken, Baracken, Schuppen, Garagen und Ställen nahezu versteckter ehemaliger Eckpavillon der Schloßanlage mit einem Flügel hat sich (allerdings stark abgeschmückt und für Wohnzwecke genutzt) erhalten. Bis 1944 stand die stolze Anlage, die leider ein Raub der Flammen wurde. Man vermutet Brandstiftung und bewußt schleppend durchgeführte Löscharbeiten. Das Schloß war in den zwanziger Jahren von Karl Michael, Herzog zu Mecklenburg, als Altersheim für Deutsch-Balten und andere aus Rußland vertriebene Deutschstämmige zur Verfügung gestellt worden. Ein Foto aus der Zeit um 1925 zeigt den zum Mittelrisalit führenden Hauptweg, der beidseitig von Teichen eingefaßt ist.

Von der einstigen Parkanlage haben sich mehrere schöne Lindenalleen erhalten. Die eine führt vom Giebel des übriggebliebenen Schloßflügels an einem Teich vorbei, neben dem als Solitärbaum eine stattliche Trauerbuche steht. Die Allee aus hochgewachsenen Linden wirkt durch den geringen Abstand der Bäume wie eine Gasse. Drei solcher Doppelreihen stehen jeweils im rechten Winkel zueinander und umschließen das vormalige Rasenparterre, welches als Fußballfeld und Sportplatz genutzt wird. Am Ende der Allee führt eine Bogenbrücke aus Granitsteinen über einen Kanal, der mehrere Fließstufen erkennen läßt. Sieht man den Graben in Fließrichtung entlang, so steht an seinem scheinbaren Ende ein eigenwilliger Turm. Beidseitig des Kanals führen Wege auf das Bauwerk zu. Zwischendurch erweitert sich das Fließgewässer zu einem Bassin mit einer Art Grotte aus Granitsteinen – jedoch alles desolat und deshalb schwer in seiner einstigen Gestalt und Funktion vorstellbar.

Der Turm (oder wohl besser die Turmruine) ist ein wenig beachtetes technisches Denkmal. Friedrich von Hahn, ein begeisterter Astronom, ließ 1793 im Park seines Schlosses die erste Sternwarte Mecklenburgs errichten. Deren bauliche Reste und eine Sandsteinsäule mit daneben liegendem Kapitell befinden sich – wie der gesamte hintere Parkbereich – in einem jammernswerten Zustand. Die 1979 an der Sternwarte begonnenen Rekonstruktionsarbeiten wurden längst – unvollendet – eingestellt; das Umfeld gleicht einer Krater-

Mittelrisalit des Schlosses Remplin (Foto 1923)

landschaft. Mecklenburgs Vergangenheit und seine Gegenwart treffen sich in diesem abgelegenen Winkel. Im Rahmen von Arbeitsbeschaffungsmaßnahmen wird wenig fachkundig versucht, dem Park ein Stück seiner einstigen Ordnung wiederzugeben.

Von der Sternwarte führt ein für die englischen Parks typischer Weg in Kurven durch einen Abschnitt, der durch prächtige Eichen und eine weitere Trauerbuche geprägt wird, und sodann an einem ausgetrockneten Teich vorbei bis zu der Stelle, an der einst der zweite Seitenflügel des Schlosses stand. Es soll Peter Joseph Lenné gewesen sein, der einen Teil der weiträumigen Parkanlage umgestaltet hat.

Bemerkenswert ist noch die seitlich jenes Teiches befindliche dreireihige Allee aus Eschen, die - wie Kopfweiden - regelmäßig beschnitten wurden.

Der alte Schloßbezirk und der Park Remplin bieten dem aufmerksamen Betrachter Mosaiksteine, die zusammengefügt Glanz und Elend mecklenburgischer Geschichte bis in die Gegenwart spiegeln.

LANDSCHAFTSPARK VON BURG SCHLITZ

Doppelt überrascht wird sein, wer sich nach Burg Schlitz begibt, um den vielgerühmten Park zu durchwandern. Zunächst gelangt man im Umfeld von Teterow in eine Landschaft, die rechtens als die schönste des mecklenburgischen Hügellandes bezeichnet wird. Auf kurzen Distanzen gibt es Höhenunterschiede bis zu einhundert Metern - wie etwa zwischen dem Becken des Malchiner Sees (nur 0,6 Meter über NN) und den es umschließenden Moränenzügen, die im Norden mit dem Ostberg

115 Meter und im Südwesten bei Burg Schlitz 103 Meter erreichen. Es soll Großherzog Georg von Mecklenburg-Strelitz gewesen sein, der anläßlich eines Besuches auf Burg Schlitz der sehenswerten Landschaft den Namen Mecklenburgische Schweiz gegeben hat.

An einem der schönsten Berge, nahe der Straße Teterow-Waren/Müritz, weilte 1791 unweit dem Dorfe Karstorf der Baron Hans von Labes und genoß den weiten Ausblick in das Malchiner Land. Der preußische Legationsrat an den Gesandtschaften zu Wien und Regensburg, der zudem noch Domdechant von Kolberg war, faßte aus Begeisterung einen folgenreichen Beschluß: Er erwarb das Gut und errichtete sich am Osthang des Buchenberges ein stattliches Herrenhaus.

Von Labes, der später den Namen seines Adoptivvaters, Graf von Schlitz, annahm, ließ den Berliner Bauinspektor Friedrich Adam Leiblin nach Karstorf kommen, erläuterte ihm seine Pläne und beauftragte ihn mit der Ausarbeitung von Entwürfen (1806). Kriegsbedingt kam es erst 1811 zur feierlichen Grundsteinlegung; die Bauzeit betrug dann noch einmal zwölf Jahre. Es entstand ein eigenwilliger dreiflügeliger Schloßbau, der in Mecklenburg seinesgleichen sucht. Die Einflüsse des Empirs sind noch heute deutlich sichtbar, obwohl das Bauwerk im 20. Jahrhundert stark abgeschmückt worden ist. So fehlen auf der Dachbalustrade des Mittelbaues, die den Eigentümern als Aussichtsplattform diente, der gewaltige Obelisk aus Zinkblech sowie die Granitvasen, die einst das Gesims zierten. Trotzdem wirkt das Schloß, das bis in die jüngste Zeit als Pflegeheim genutzt wurde, immer noch mit vielen Architekturdetails auf den Betrachter – so mit dem runden Vorbau und den einen Altan tragenden zwei überhohen ionischen Säulen, der Granitfreitreppe mit den Löwen auf den Treppenwangen, den (allerdings erst später - nach 1910 - hinzugefügten) säulengeschmückten Galerieverbindungen zu den Seitenflügeln.

Wer indes dem Gebäude nichts abzugewinnen weiß, wird bei der das Schloß umgebenden Parkanlage bestimmt auf seine Kosten kommen. Als weiträumiger Landschaftspark mit geschwungenen Wald- und Wiesenwegen, mit Teichen, Inseln, Hügeln, Wiesen mit Solitärbäumen (so einigen uralten Eichen) gibt er dem Spaziergänger das Gefühl einer innigen Verbundenheit mit der Natur. Ständig wechselnde Landschaftsbilder und Ruhepunkte sowie die zahlreichen (36!) Denkmale lassen die Rundgänge zu einem Erlebnis werden.

Der mehr zufällige Besucher erhält bereits am Eingang der Anlage auf Tafeln mit Informationen und Graphiken einen Überblick über den Park und seine wichtigsten Sehenswürdigkeiten. Eigentlich besteht die großzügige Anlage aus zwei Teilen. Der nördliche oder obere Abschnitt war bei Fertigstellung des Schlosses schon in Maßen nutzbar und mit diversen Denkmalen aus bearbeitetem Granit ausgestattet. So trägt der »Friedensobelisk« die Jahreszahl 1812, der »Lehrerstein« 1813. Ersterer macht mit seiner Inschrift deutlich, daß Graf Schlitz sehr feinfühlig auf historische Ereignisse reagierte und der Nachwelt Wichtiges übermitteln wollte:

Frieden dem Vaterlande ■ Segen dem Landbaue ■ Preis dem Schöpfer ■ Brudersinn den Deutschen.

Auf einem Steinkreuz mit dem Datum vom 22. März 1808 stehen - wie zur Mahnung - die Christusworte: *Liebet Eure Feinde.*

Graf Schlitz setzte aber auch politischen und literarischen Größen, zumeist

Blick vom Gewässer des unteren Parks auf das Schloß (Foto 1923)

als Obelisken oder Säulen aus Granitstein, Denkmale. Der »Schillerstein« von 1824 ehrt Plutarch, Rousseau, Montesquieu und Schiller mit den Worten: *Licht, Kraft – Euch verdanke ich sie.*

Hier verwundert ein wenig, daß Goethe auf dem Stein keine Erwähnung findet; hatte doch der Graf am 14. und 15. Juli 1814 in Weimar zwei Unterredungen mit dem großen Dichter.

Die mittelalterliche Geschichte schließlich findet mit dem Doppelobelisken für Karl den Großen und Kaiser Maximilian eine Würdigung.

Wie in vielen Landschaftsparks fehlen in Burg Schlitz auch die künstlichen Großsteingräber nicht. Um das eine hat man mehr als zehn Granittrogmühlen als zierenden Kreis gelegt. Der frühgeschichtlich Interessierte wird die Anlage und Ausführung der nachempfundenen Megalithgräber wohl eher kritisch betrachten, so auch den in der Nähe der Gräber befindlichen »Wendenstein« – ein Steinkreis mit Opferaltar, dem die sagenhafte »Blutrinne« nicht fehlt.

Während die Weitläufigkeit ein Merkmal des oberen Parkteils ist, wird der andere zu Füßen des Schlosses durch seine Hanglage geprägt. Unterhalb der Plattform, die das Herrenhaus und die neugotische Kapelle (1822) trägt, führen Treppen und abschüssige Wege (zum Teil in Serpentinen) durch ein Spalier von seltenen und in Mecklenburg nicht beheimateten Gehölzen: Riesenlebensbaum, Tulpenbaum, Eßkastanie, Ginkgo, Blutbuche, Silberlinde und Trauerweide. Auf eingearbeiteten Terrassenplätzen, umgeben von Koniferen, stehen auch hier wieder Denkmale aus Granit, so für den Rheinbund oder Blücher und Wellington.

Der untere Park, der im Süden von der Landstraße begrenzt wird, umfaßt einen größeren Teich mit Insel, zu der früher eine leuchtendweiß gestrichene gußeiserne Brücke hinüberführte. Heute kann man über eine einfache, grob gezimmerte hölzerne Übergehung auf das Inselchen gelangen, um dort den sogenannten »Adelen-Obelisken« zu betrachten.

Die Spazierwege um den Teich hat man jüngst, im Rahmen von Arbeitsbeschaffungsmaßnahmen, wieder instandgesetzt, so daß ein angenehmer Rundgang möglich ist. Kleine Bachläufe werden von skurrilen Brücken aus gespalteten Granitsteinen überwunden. Am Ufer des Teiches gelangt man zur Burgruine, deren altes Gemäuer sich noch einige Meter über das Terrain erhebt. Auf der Südseite der Mauerreste des einstmals »festen Hauses« ist vom Grafen Schlitz eine Gedenktafel für die Familie von der Osten angebracht worden. Vor 1788 waren die Herren von der Osten Gutsherren auf Karstorf. Bis zum Brand (1709) bewohnten sie ein Herrenhaus, das sich auf den Grundmauern der alten Burg erhob. Graf Schlitz bezog (wie viele Gartenarchitekten vor und nach ihm) die alte Befestigungsanlage als malerisches Element in die Parkgestaltung ein.

Dieser untere Parkteil wird jedoch bereits 1806 als »englischer Garten« erwähnt, von welchem man einen schönen Blick auf den Buchenberg gehabt habe. Der Wanderer am Teichufer wird das angesichts des hoch oben am Hang thronenden Schlosses nur bestätigen können.

Eine der schönsten Zierden des Parks ist der Nymphenbrunnen. Seine Aufstellung erfolgte erst um 1930, nachdem Burg Schlitz durch Herrn von Strauß, dem damaligen Direktor der Deutschen Bank, erworben worden war. Der Jugendstilspringbrunnen mit den drei bronzenen, reigentanzenden Nymphen war 1903 vom Berliner Bildhauer Walter Schott geschaffen worden. Zunächst im Berliner Kaufhaus Wertheim im Brunnenhof aufgestellt, wurde er später nach Burg Schlitz umgesetzt.

Den Landschaftspark verläßt man vom Schloß aus auf einer Lindenallee, an deren Einmündung in die Landstraße der sogenannte Begrüßungsobelisk den Gast grüßt. Ihm gegenüber liegt die alte Gutsschmiede aus Feldsteinmauerwerk mit dem von vier Säulen getragenen Vordach und dem spiralig gedrehten Schornstein. Dahinter findet man den Gasthof »Zum goldenen Frieden«, der seit 1819 schon so manchen Besucher nach einem erlebnisreichen Rundgang durch den Park oder nach Wanderungen durch diese bemerkenswerte Gegend zum Verweilen, Ausruhen und Nachdenken über Burg Schlitz eingeladen hat.

Bereits 1923 war die Anlage ein beliebter Ausflugsort

SCHLOSSGARTEN GÜSTROW

Die vielen Sehenswürdigkeiten der Stadt – wie Dom, Pfarrkirche, Gertrudenkapelle, Altstadt mit klassizistischem Rathaus, Ernst-Barlach-Gedenkstätte und nicht zuletzt das Renaissance-Schloß – lassen den rekonstruierten Renaissance-Garten am Fuße des Residenzbaues nicht so recht zur Geltung kommen.

Nachdem das Schloß langjährig und aufwendig restauriert worden und 1972 zunächst die musealen Räume der Öffentlichkeit zugänglich gemacht worden waren, begann man 1978 mit der Wiederherstellung der Gartenanlage, von der eigentlich außer der Grundfläche nichts erhalten war.

Wer über die Brücke, den Hof, den Treppenturm und die Säulengalerie den prächtigen, stuckgeschmückten Festsaal des Schlosses erreicht hat, sollte trotz der vielfältigen Eindrücke nicht versäumen, einen Blick aus den Außenfenstern zu werfen. Aus günstiger Perspektive erkennt man auf einer Fläche von etwas mehr als einhundert mal einhundert Metern streng geometrisch angelegte Zierbeete und -hekken, umgeben von einem Laubengang.

Das große Gartenviereck wird an drei Seiten von einem breiten Wassergraben schützend abgegrenzt. Leider sind die Hainbuchen und Hecken infolge zu hoher Bodenfeuchtigkeit nicht in gewünschtem Maße gediehen. So macht die Anlage auf den flüchtigen Betrachter den Eindruck, daß des Gärtners Kunst hier noch nicht das letzte Wort gesprochen haben könne. In der Tat ist der Garten, der sich in seiner Neuanlage weitgehend an Kupferstichvorlagen aus dem 17. Jahrhundert hält, noch in vielen Teilen unvollkommen. Aus finanziellen und Kapazitätsgründen konnten der Zugang von der Schloßbrücke und der Brunnengarten bislang nicht in alter Pracht wiederentstehen. Unter letzterem ist der dem Westflügel des Schlosses vorgelagerte Teil der Anlage zu verstehen, der einstmals in seinem Zentrum einen Springbrunnen trug.

Daß sich die Gesamtanlage bald wieder als vollständig rekonstruierter Renaissance-Garten dem Besucher darstellt, ist schon darum wünschenswert, weil sich in Güstrow mit dem gesamten Schloßkomplex ein für Mecklenburg-Vorpommern einmaliges Architekturdenkmal des 16./17. Jahrhunderts überliefert hat.

Das Gebäude selbst war schon im späten Mittelalter ein herausragendes, als es am Südrand des 1228 mit Stadtrecht bewidmeten Handelsortes an dem Flüßchen Nebel lag und von der Stadt durch die Schloßfreiheit getrennt war. Von 1316 bis 1436 war Güstrow Residenz der jüngeren Fürsten zu Wenden (Herrschaft Werle-Güstrow). Nach dem Erlöschen der Werle'schen Linie des Fürstenhauses fiel das Land an die Linie Mecklenburg zurück. Im Zuge einer erneuten Landesteilung wurde 1555 das Herzogtum Mecklenburg-Güstrow geschaffen, dessen erster Regent Herzog Ulrich III. wurde. Dieser war bis dahin Administrator des Bistums Schwerin gewesen und hatte im benachbarten Bischofssitz Bützow gelebt. Als 1557 der Südteil vom »festen hus« in Güstrow bis auf den Grund niederbrannte, entschied sich Ulrich III. für ein neues Schloß. Daß dieser Bau den Rahmen des bislang in Mecklenburg üblichen sprengte, dem Geist der Renaissance entsprach und auch ein Garten mit angelegt wurde, erklärt sich aus der Person des Für-

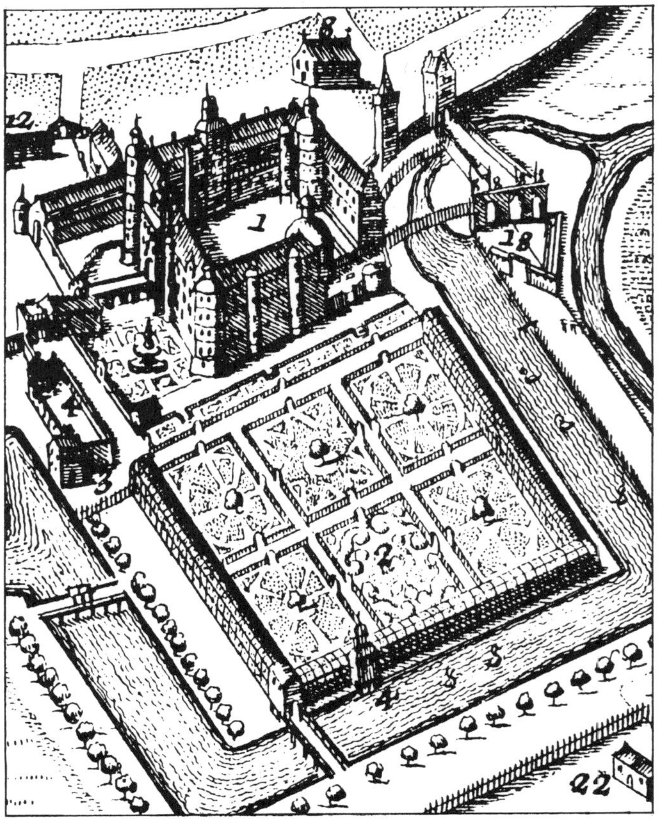

Detail des Güstrow-Planes von 1717

sten selbst sowie aus der Herkunft der Baumeister, die aus Europas Süden stammten. Ulrich hatte seine Erziehung am Hofe des bayrischen Kurfürsten in München erhalten, in Ingolstadt Theologie und Recht studiert und zahlreiche Bildungsreisen unternommen. Dabei soll er in Augsburg auch den Renaissance-Garten der Patrizierfamilie Fugger besucht und Anregungen für den späteren fürstlichen Lustgarten erhalten haben.

Von 1558 bis 1563 wurde unter Leitung von Franciscus Parr aus Italien der Rohbau des Süd- und Westflügels errichtet. Danach zog sich, bedingt durch die hohen Baukosten, die Fertigstellung in die Jahre. Um 1570 waren auch die Innenausbauten so weit fertiggestellt, daß die fürstliche Familie aus dem »alten hus« (Nordflügel) in den Südflügel umziehen konnte. In diese Zeit wird auch die Einrichtung des fürstlichen Lustgartens am Fuße des überhohen Schlosses fallen.

Der fahrende Student Michael Franck, der sich etwa zwanzig Jahre später in der Residenz aufhielt, beschrieb den Schloßgarten bereits als Anlage mit *»schönen Leuben, Lusthäusern, Wasserbrünnlein, verborgenen Wasserquellen, wohlriechenden Kräutern, ausländischen Früchten und Blumen ...«*. Aus Stichen des 17. und 18. Jahrhunderts weiß man vom danach folgenden Wandel der Güstrower Schloßgartenanlage: vom Gartenparterre mit drei mal drei rechteckigen Quartieren (etwa 1650), über sechs heckenumschlossene Beete mit je einem Baum im Zentrum (1717) bis hin zur Gruppierung von vier großen barocken Zierbeeten um ein Rondell (1733).

Nicht bekannt ist, wann die Gartenanlage als solche aufgegeben wurde. Nach Erlöschen der Güstrow'schen Linie des Fürstenhauses (1695) diente das Schloß noch bis 1719 als fürstlicher Witwensitz. Doch ging die Zuständigkeit der Landesherren für das Güstrower Schloß und seinen Garten offensichtlich über diese Zeit hinaus, denn im Mecklenburg-Schweriner Staatskalender auf das Jahr 1781 wird als dortiger Schloßgärtner noch ein Gottfried Schmidt genannt. Seinen endgültigen Niedergang wird der Garten spätestens nach 1817 erlitten haben, als der Großherzog das Schloß zum Landesarbeitshaus, einer gefängnisgleichen Verwahranstalt für Heimatlose und Gestrauchelte, bestimmte. Fotografien von der Jahrhundertwende zeigen den vormaligen Garten als Wiese, die als Wäschetrockenplatz genutzt wird. Der Brunnengarten an der Schloßbrücke trägt zu dieser Zeit bereits ältere Obstbäume.

Nachdem das Schloß bis 1945 Landesarbeitshaus geblieben war, diente es unmittelbar nach dem Zweiten Weltkrieg zur provisorischen Unterbringung von Umsiedlern und Flüchtlingen. Daß die Fläche des einstigen Gartens damals umgehend als Gemüsegarten genutzt wurde, wird niemanden verwundern.

Der wuchtige Renaissance-Bau in Güstrow (1956)

Der anschließenden Verwendung des Schlosses als Kreisfeierabendheim folgte Mitte der sechziger Jahre die Umwidmung zur Kulturstätte der Stadt und der Region. Auch die Gartenfläche erhielt im Rahmen der Rekonstruktion des Gesamtkomplexes eine neue Bestimmung.

Der Zugang zum Renaissance-Garten erfolgt über den Schloßhof. Auf dessen Ostseite führen Treppen im Bogen an kleinen Hangterrassen entlang. Eine mit Efeu überwucherte Mauer geleitet den Spaziergänger, an Lärchen vorbei, zu einem lauschigen Gartenplätzchen mit einer unter Naturschutz stehenden Eibe, Kastanien, Eschen, Birken sowie einem Essig- und einem Ginkgo-Baum. Bänke laden zum Verweilen und die Laubengänge aus Hainbuchen zum Schlendern ein.

Wer sich im Schloßbezirk aufhält, wird kaum noch Hinweise auf die wechselvolle Geschichte der Anlage finden. Doch bringen viele das Schloß mit Albrecht von Wallenstein in Verbindung, der an diesem Ort knapp ein Jahr weilte. Der Feldherr hatte im Dreißigjährigen Krieg auch Mecklenburg erobert, die Fürsten des Landes verwiesen und sich selbst durch des Kaisers Wort zum Herzog von Mecklenburg erheben lassen. Er nahm Residenz im prächtigen Güstrower Schloß und widmete sich mit Eifer auch der Pflege und Erhaltung des Lustgartens. Zu seinen Hofoffizieren gehörte ein General-Gärtner namens Matthias Lachern. Ein zweiter, Engelhart Helmricht, war »Gertner auff dem Werder«. Dieser trug Verantwortung für den Unterhalt der Fasanerie auf der Schöninsel im Gutower See. Das dort befindliche Lusthaus war mit einer Parkanlage umgeben. Heute sind auf der Insel noch die mächtigen Fundamente dieses Baues und einige Schichten aufgehenden Mauerwerkes aus Ziegeln zu finden. Die Ruine ist von Bäumen und Dornengestrüpp zugewuchert. Die Anlage liegt mitten in einer Kuhkoppel – ein stiller und bescheidener Ort mit einer lärmenden und prunkvollen Vergangenheit.

BURGGARTEN SCHWERIN

Auf einer Insel von nur etwa 150 Metern Durchmesser thront das als unregelmäßiges Fünfeck mit Innenhof angelegte Schloß. Es beherrscht optisch die Südwestbucht des Schweriner Sees und ist durch zwei Brücken mit der Stadt und dem Schloßgarten verbunden.

Der Residenzbau, bis 1918 Sitz des Großherzogs von Mecklenburg-Schwerin und heute Domizil des Landtages von

Mecklenburg-Vorpommern, ist zu drei Viertel vom Burggarten umgeben. Von den hohen Außenmauern des Schlosses bis zur Uferlinie der Insel ist das beschränkte Areal durch eine eher sparsame Bepflanzung, ein zum Spazierengehen einladendes, unregelmäßiges Wegenetz und außergewöhnliche Gartenarchitekturen optimal genutzt. Der Garten wurde im Zusammenhang mit dem tief in die Substanz des alten Schlosses eingreifenden Umbau der Jahre 1843 bis 1857 angelegt. Ideenskizzen dafür lieferten Gottfried Semper (1803–1879) und Peter Joseph Lenné (1789–1866). Der Schweriner Hofgärtner Theodor Klett hatte bei der Ausführung wohl einigen Spielraum, denn der Plan Lennés aus den Jahren um 1840/42 zeigt – im Gegensatz zu den ausgefeilten Details des angrenzenden Schloßgartens – nur skizzenhaft die Konzeption des berühmten Gartenarchitekten. Einiges von Lennés Plänen, wie etwa die dreiachsige optische Anbindung von Schloßinsel und Schloßgarten, kam nicht zur Ausführung.

Bei der Neukonzipierung des Burggartens wurden auch die Vorgängeranlagen nicht berücksichtigt. Gärten im Uferbereich der Grafenburg hat es bereits im 15. und 16. Jahrhundert gegeben. Für das 1558 unter Herzog Johann Albrecht I. (1525–1576) mit Bastionen umgebene Schloß sind zwei im Geiste der Renaissance angelegte Gartenteile nachgewiesen. Auf der stadtseitigen Bastion waren – neben dem Weg von der Schloßkapelle zum Bastionspavillon – bepflanzte Quartiere angelegt. Das andere, ebenso bescheidene fürstliche Lustgärtlein im Uferbereich zwischen Schloß und gegenüberliegender Marstallhalbinsel bestand aus einem Rondell und vier flankierenden, geometrisch abgezirkelten Beeten. Von der Umfassung dieser Anlage mit einer schützenden Mauer kann ausgegangen werden.

Durch zahlreiche Gemälde des Hofmalers Theodor Schloepke (1812–1878) ist nachvollziehbar, daß vor dem Schloßumbau in der Mitte des 19. Jahrhunderts der kaum dreißig Meter breite Uferstreifen um das Gebäude und die damals noch vollständig vorhandenen Bastionen eher mit kleinen Fachwerkhäusern als mit Bäumen, Sträuchern und Blumenbeeten besetzt war.

Schwerins Schloß liegt parkumschlossen auf einer Insel (Foto 1911)

Das waren herzogliche Amtsgebäude sowie Dienerwohnungen, Waschhäuser und Ställe, die bei der Errichtung der neuen Parkanlage weichen mußten. Von den wenigen auf Schloepkes Gemälden sichtbaren Bäumen (Pappeln und wohl Obstgehölzen) wurde nichts übernommen.

So stellt sich der heutige Bestand an seltenen und fremdländischen Bäumen und Sträuchern bis auf wenige spätere Ersatzpflanzungen als Werk Theodor Kletts dar. Auf den von Wegen umrahmten Rasenflächen stehen Solitärbäume, wie Ginkgo, rotaustreibender Spitzahorn, Eßkastanie, japanischer Fächerahorn, Platanen und andere dendrologische Kostbarkeiten. Der von Klett gepflanzte Götterbaum indes sowie ein amerikanischer Geweihbaum haben sich nicht erhalten. Der Mammutbaum und die Mahonberberitzen hingegen stammen aus neuerer Zeit.

Wer über die stadtseitige Schloßbrücke kommt und links in den Burggarten einbiegt, geht auf dem Hauptweg zunächst unter einem Dach aus weit herabreichenden Zweigen der 1860 gepflanzten tiefhängenden Rotbuche hindurch. Dann öffnet sich der Blick auf den nördlichen Parkteil und das weite Blau des Schweriner Sees. Das angrenzende Gewässer nimmt der eigentlich eingezwängten Grünanlage die Enge. Während der Hauptweg sich in der Mitte des Gartens entlangzieht, schmiegt sich ein zweiter dicht an die Schloßmauern; ein dritter folgt streckenweise der unregelmäßigen Uferlinie. Letzterer liegt nur wenige Zentimeter über der Wasseroberfläche und führt zur spätromantischen Grotte. Dieses merkwürdige, aus großen Granitfindlingen errichtete Bauwerk erinnert ein wenig an eine frühe Feldsteinkirche, die mit ihrer Apsis aus dem Wasser aufragt. Der archaisch wirkende Bau will so gar nicht zu der eher sensiblen Architektur des anschließenden Orangeriehofes mit seinen Kolonnaden passen. Dieser kleine, umbaute, zur Seeseite offene Platz war bis in die Mitte dieses Jahrhunderts ein gepflegtes Lustgärtchen mit einem Springbrunnen in der Mitte. Nach dem Zweiten Weltkrieg diente der Orangeriehof als Freilichtbühne für Konzerte und Schauspielaufführungen. Die Orangerie selbst, in den letzten Jahrzehnten als technisches Museum genutzt, soll in nächster Zeit erneuert und wieder ihrer eigentlichen Bestimmung zugeführt werden. Leider haben sich viele Schmuckelemente am Orangeriehof, wie die gußeisernen Treppen zum Kolonnadenumgang, der Brunnen, die Kandelaber der Terrassenbrüstung und eine Reihe von Skulpturen nicht erhalten.

So wird dieser Teil des Burggartens unterhalb des 70 Meter hohen Hauptturmes (die Terrasse auf dem Dach der Orangerie und der Orangeriehof selbst) wohl seine einstige Pracht nicht wiedererlangen können. Doch ist das, was sich heute dem Besucher darbietet, trotz seines desolaten Zustandes immer noch beeindruckend.

Steigt man von der Orangerieterrasse die breite Freitreppe zum Hauptturm empor, so hat man einen Überblick über die – bei allen Verlusten – immer noch Harmonie ausstrahlende Anlage. Den Hintergrund der vom Parkgrün eingerahmten Kolonnade bildet die Weite des Sees, die je nach der Tagesstimmung die unterschiedlichsten Farben widerspiegelt. Morgens, wenn sich über dem fernen Ostufer des Gewässers die Sonne aus dem Morgenrot emporschiebt, färbt sich die weite Fläche von den verschiedenen Rottönen bis hin zum glitzernden Gold. Dieses phantastische Naturschauspiel bietet sich allerdings nur Frühaufstehern.

Nördlich vom Hauptturm findet sich am Chor der Schloßkirche eine dreieckige Gartenterrasse mit Blumenbeeten, in deren Mitte einst ein Putto aufgestellt war. Auf der südlichen Seite führt von der Orangerieterrasse eine Treppe in ein tiefer gelegenes Gartendreieck, dessen Zentrum ein in barocken Formen gehaltener Brunnen bildet. Wegen der großen Mördermuschelschalen, die bis in jüngste Zeit im Wasserbecken lagen, hat sich die Bezeichnung als Muschelbrunnen durchgesetzt. Er wird – wie fast das ganze kleine Lustgärtlein – von einer prächtigen, weitausladenden Platane überwölbt, deren Kronendurchmesser verschiedentlich mit etwa 35 Metern angegeben wird. Die beschauliche Anlage wird von einem Flügel der Orangerie und der unterwölbten Rampe schützend umschlossen. Letztere gewährt mit ihren acht Bögen den Blick und den Durchgang zum Uferbereich, dem die mit Trauerweiden bestandene Augusten- oder Liebesinsel vorgelagert ist.

Die Rampe selbst führt den Besucher treppenlos von den Orangerieterrassen zum Parkausgang nahe dem Südportal des Schlosses. Im unteren Drittel des unterwölbten Hauptweges erweitert sich dieser seeseitig zu einer kleinen Plattform, auf der in den fünfziger Jahren noch eine Tierbändiger-Plastik stand. Auch hier handelt es sich, obwohl die inzwischen hochgewachsenen Bäume den freien Ausblick behindern, um einen weiteren Aussichts- und Ruhepunkt der Gartenanlage.

Auch von der Seeseite her ist die unterwölbte Rampe interessant. Unterhalb der genannten kleinen Aussichtsplattform ist sie als dreitüriger Vorbau angelegt. Von hier erfolgte früher die Belieferung und Entsorgung des Schlosses. Bemerkenswert sind zwei figurengeschmückte Pilaster aus Sandstein. Es sind Halbreliefs im Stil von niederländischen Grotesken des 16. Jahrhunderts, die ursprünglich (vor dem Schloßumbau) ein Portal im Schloßhof schmückten.

Der Besucher wird in diesem Parkabschnitt zwischen Rampe und Uferlinie von vielen seltenen Gehölzen verabschiedet: Urweltmammutbaum, Eßkastanie, Trompetenbaum, Spitzahorn, Platanen, vielblütiger Beerenapfel, Kornelkirsche oder weißbuchblättriger Ahorn.

Beim Verlassen des Burggartens wandert der Blick zwangsläufig über die Schloßbrücke und damit die Hauptachse des Schloßgartens entlang. Ein weiteres Gartenerlebnis lockt.

SCHLOSSGARTEN SCHWERIN

Als der Däne Friedrich von Buchwald bei seinen »Ökonomischen und Statistischen Reisen durch Mecklenburg, Pommern, Brandenburg und Holstein« (1780) nach Schwerin kam, fand er im Südwesten des Schlosses einen beeindruckenden Lustgarten vor. Er berichtete von den *»vielen angenehmen Stunden in dem in sehr gutem Geschmacke angelegten Schloßgarten und auf anderen Spaziergängen, welche durch den dicht daran stoßenden See, von drei Meilen im Umkreise, sehr abwechselnd gemacht werden«*.

Man braucht Zeit, viel Zeit, um die Gartenanlage von ca. 600 mal 400 Metern für sich zu entdecken ... Nahe dem Süd-

Blick von der Kaskaden-Höhe über den Kreuzkanal auf das Schloß (Foto 1940)

oder Gartenportal des Schlosses führt eine gußeiserne, aber leider nicht mehr funktionsfähige Drehbrücke (aus der Gründerzeit) von der Schloßinsel direkt in den Schloßgarten. Dieser kündigt sich bereits auf der landseitigen Brückenrampe mit einer kurzen Allee älterer Kastanienbäume an.

Dann öffnet sich das Gelände, die Allee - nunmehr aus Linden und Kastanien - gabelt sich bogenförmig und schließt, begleitet von Kanälen oder der Wasserfläche des Schweriner Sees, den engeren Garten schützend ein.

Die Sichtachse lenkt den Blick zunächst auf das bronzene Reiterstandbild des Großherzogs Friedrich Franz II. (1823-1883) auf einem mächtigen Sockel aus geschliffenem Granit. An den vier Ecken des Piedestals finden sich vier überlebensgroße allegorische Bronzefiguren: die Weisheit, der Glaube, die Stärke und die Gerechtigkeit. Das vom Bildhauer Ludwig Bruno 1893 geschaffene Standbild zeigt den Großherzog gen Schloß reitend. In seinem Rücken liegt, eingefaßt von zwei großen, gebogenen Laubengängen aus Weißbuchen, ein Rasenparterre mit Blumenrabatten im Stil des Rokokos.

Von den Granitstufen des Reiterdenkmales blickt man über das Rasenparterre auf den Kreuzkanal und die dahinter aufsteigenden Kaskaden. Hier wird die eingangs geschilderte Begeisterung des Dänen noch nach über zweihundert Jahren nachempfindbar. Das, was Herrn von Buchwald so beeindruckte, war ein Meisterwerk des Franzosen Jean Le Geay, nach dessen Plänen die Gartenanlage um 1750 umgestaltet wurde. Es entstand der französische Park mit dem als Doppelkreuz angelegten Teich im Zentrum. Daß aus dem feucht-sumpfigen Areal an der Südwestbucht des Schweriner Sees der wohl schönste Barockgarten Mecklenburgs wurde, grenzt nahezu an ein Wunder.

Die von Dränagegräben zerfurchte Fläche, zu der vom Schloß vormals eine lange hölzerne Brücke führte, war ursprünglich der fürstliche Küchengarten. Eine Karte von Schwerin aus der Zeit um 1740 zeigt diverse Haupt- und Stichgräben, die das Wasser des (zum Betreiben der Schleifmühle angestauten) Faulen Sees dem Schweriner See zuführten und die feuchte Niederung entwässerten. Ein quadratisches Wegenetz umspannte die Quartiere des »Gartens über der Brücke«.

Der weitgereiste und mit einer Französin verehelichte Herzog Christian Ludwig (1623-1692) engagierte 1672 die französischen Gartenbaumeister Lacroix und Vandeuille. Sie hatten die Umwandlung des »Gartens über der Brücke« in einen Lustgarten zu besorgen. Der von ihnen angelegte Barockgarten begann an der Schloßbrücke mit einer doppelten Baumallee bis hin zu einem wasserumgebenen »Lustquartier«, das am Ufer von einer Baumreihe begrenzt wurde. Sichtachsen und Fußwege trennten vier heckenumschlossene Zierbeete. Zwei Bassins, wohl Springbrunnen, waren in der Querachse von den beiden seitlich aufgestellten Pavillons zu betrachten.

Der Historiker Friedrich Wigger hat zum Schicksal des Lustgartens von Herzog Christian Ludwig ausgeführt (1880):

»Unter der Regierung der Herzöge Friedrich Wilhelm und Carl Leopold verfiel diese Anlage ersichtlich, die Statuen aus Gips und Holz fielen auseinander, die kleinen Pyramiden von Eichenholz dergleichen; die Bilder in den Pavillons (Cabinetten) wurden beschädigt, die Blumenbeete für die Zwiebelgewächse waren von Wurzeln und Unkraut durchwuchert, die gradlinigen hohen Hecken zeigten überall Lücken«.

Übrigens verbannte erst der Franzose Le Geay die Küchengewächse gänzlich aus dem Schloßgarten. Die nach seinen Plänen angelegte barocke Parkanlage um den Kreuzkanal öffnete Herzog Friedrich (1717-1785) bei seinem Regierungsantritt (1756) den Schweriner Bürgern zum Spazierengehen, Kutschfahrten oder zum Reiten. Sie konnten mindestens sechzehn um den Kreuzkanal gruppierte Sandsteinplastiken bewundern, die etwa aus der Zeit zwischen 1695 bis 1720 stammten. Die Skulpturen waren noch unter Le Geay aufgestellt worden. Zuvor noch Gartenschmuck im Behrmannschen Park in Horn bei Hamburg, hatte der Herzog für seinen Lustpark die allegorischen Figuren der vier Jahreszeiten und zwölf Göttergestalten bzw. Wesen aus der griechischen Mythologie erworben: Faunin, Faun, Ceres, Diana, Merkur, Venus, Apollo, Herakles (zwei verschiedene), Bacchus, Flora, Raub der Proserpina, Frühling, Sommer, Herbst und Winter.

Auf einer Ansichtskarte aus dem Jahre 1912, die den Kreuzkanal mit den dahinter wie Terrassen angelegten, Höhe gewinnenden Kaskaden zeigt, auf deren Scheitel das 1898 bis 1900 erbaute Artillerie-Offizierskasino thront, sind mindestens sechs der Sandsteinplastiken nicht um den Kanal postiert. Sie stehen auf kleinen, im Kaskaden-Hang noch heute erkennbaren Plattformen. Dieses Foto führt besonders deutlich vor Augen, daß die Anlage nicht vollendet wurde. Nach den Plänen vieler Gartenarchitekten sollte der Hang hinter dem Kreuzkanal Wasserspiele nach dem Beispiel des Parks von Petershof bei Petersburg erhalten. Dazu sollte Wasser vom Faulen oder Ostorfer See auf die Anhöhe gepumpt werden, in Stufen und Sprüngen hinab in den Teich fließen und im südlichen Teil des Kreuzkanals eine Fontäne sprudeln lassen.

Heute sind noch vierzehn Skulpturen direkt um den Kreuzkanal gruppiert. Es sind aber Kopien des Dresdener Bildhauers Werner Hempel, die an die Stelle der verwitterten Originale getreten sind. Erst um 1920 hatte man erkannt, daß vierzehn der Plastiken aus der Werkstatt des berühmten Dresdener Bildhauers Balthasar Permoser stammten. Sie befinden sich heute in verschiedenen Städten Deutschlands in musealer Verwahrung. Leider führen keine Wege über die Rasenfläche zu den auch als Kopien eindrucksvollen und durch ihren Algenbewuchs antik erscheinenden Plastiken. Sie sind damit einer Betrachtung aus der Nähe weitgehend entzogen, zumal sie sich hinter beidseits des Kanals gepflanzten Fünferreihen junger Linden verstecken.

Da jene die Wege einfassenden schnurgeraden Lindenalleen parallel zur Längsachse des Parks nur an den Kreuzarmen dem Gewässer nahekommen, haben sich 1992 zwei Graureiher zu den Höckerschwänen, Stockenten, Bleßhühnern und Silbermöwen gesellt. Die scheuen Tiere haben hier, nur wenige hundert Meter vom pulsierenden Großstadttreiben entfernt, einen ruhigen, wasserreichen Ort für einen längeren Aufenthalt gefunden.

Bevor der Weg in den angrenzenden Landschaftspark genommen wird, sind die größeren Eingriffe in die Substanz des Le Geay'schen Barockgartens zu erwähnen. Während die schnurgeraden Kanäle, die den engeren Park östlich und westlich einschließen, als Werk des Ingenieur-Kapitäns von Hammerstein (vom Beginn des 18. Jahrhunderts) gelten, erfolgte um 1860 die Zuschüttung der beiden nördlichen bogenförmigen Arme des Kreuzkanals. An ihrer Stelle wurden die bereits genannten Laubengänge um das Rasenparterre angelegt.

Die Umgestaltung und Erweiterung der Anlage zu einem englischen Landschaftspark wurde nach 1840 von Peter Joseph Lenné und seinem Mitarbeiter Koeber konzipiert. Die Ausführung oblag - wie schon beim Burggarten - dem Großherzoglichen Gartendirektor Theodor Klett. Östlich der weitgehend nicht angetasteten barocken Anlage um den Kreuzkanal wurden um den 1818 errichteten Schloßgartenpavillon sowie um die als Rondell ausgebildete Reitbahn fremdländische Gehölze gepflanzt (Kaisereiche, Balsampappel, Korkrüster, Sumpfzypresse, Trauerulme, Sumpfeiche). Diese artenreiche Bepflanzung setzt sich hinter den Kanälen, die den engeren Schloßpark begrenzen, fort. Der Landschaftspark erstreckte sich von den Kaskaden in Richtung Fauler See und sollte schließlich dessen nördliches und westliches Ufer umkleiden. Dabei waren die natürlichen Gegebenheiten, wie die Gewässer und die an ihren Ufern aufsteigenden Hügel, mit einzubeziehen.

Diesen Plan verwirklichte Theodor Klett, der den Landschaftspark jedoch außerdem bedeutend erweiterte, ihn um den Faulen See herumführte und auch das Südufer des Schweriner Sees bis hin nach Zippendorf in die Gestaltung einbezog. Noch heute ist das Wohnviertel, das sich im Osten an den Schloßgarten anschließt, eine Parklandschaft mit villenartigen Einzelhäusern. Die Schloßgartenallee, die Tannhöfer Allee, der Parkweg, der Schleifmühlenweg, der Weg am Schweriner See und auch der Weg um den Faulen See bieten noch heute angenehme Spaziergänge mit ständig neuen Sichten und vielen dendrologischen Kostbarkeiten.

Doch bevor der Schloßgarten den Spaziergänger in die Parklandschaft um die Schloßgartenallee und das Schweriner Seeufer entläßt, bietet er einen kleinen englischen Garten mit besonders intimer Atmosphäre. Dort, wo der engere Park östlich durch eine Allee schöner Birken am Rande eines Kanals begrenzt wird, führt eine gußeiserne Bogenbrücke in den Grüngarten hinein. Eigentlich ist es der Greenhouse-Garten, denn es ist der zum - »Greenhouse« genannten - Sommersitz des Großherzogs Paul Friedrich (1800-1842) gehörende Lustgarten, der ebenfalls auf das Lenné'sche Konzept zurückgeht. Von der Brücke führt der Hauptweg mit einer leichten Kurve zum Ausgang an der Lennéstraße. Nebenwege leiten bogenförmig durch den nur etwa 100 mal 150 Meter großen Park, der im Süden durch den nicht kanalisierten Abfluß des Faulen Sees und im Norden und Osten durch brusthohe Mauern begrenzt wird. Letztere geben den Blick in die Umgebung frei und werden dadurch wohl als Schutz, nicht aber als scharfe Trennlinie empfunden.

Im Park finden sich Riesenlebensbäume, Stechfichte, Sumpfzypressen, Zirbelkiefern, ungarische Eiche, kaukasische Flügelnuß, Schwarzbirke, abendländischer Lebensbaum, Silberahorn, Bastard-Platane, tartarischer und italienischer Ahorn, Pimpernuß, wohlriechender Wein, Eibe, Rotesche, fiederspaltige Eiche, Bitternuß, weißbunte Eiche, aufstrebende Bergulme, Scheinspiere und andere wertvolle Gehölze.

Neben der den Park durch ihre majestätische Größe bestimmenden Blutbuche steht auf hohem Postament inmitten einer Rasenfläche die Marmorstatue der Großherzogin Alexandrine (1803-1892) von dem Bildhauer Hugo Berwald. Als Tochter des Königs Friedrich Wilhelm III. von Preußen und der Königin Luise war Alexandrine mit dem Großherzog Paul Friedrich vermählt. Die stark angewitterte Marmorplastik ist der einzige Statuenschmuck des Grüngartens, welcher ansonsten seine Wirkung durch den Wechsel seltener Bäume und Gehölze, eine gekonnte Wegeführung und das zweiseitig angrenzende Wasser erzielt.

Ein (nicht zu kurzer) Besuch von Schwerins Schloß- und Grüngarten wird von Kennern der Gartenarchitektur als Geheimtip gehandelt.

PARK VON BOTHMER

Die allerwenigsten Besucher der wohl intaktesten barocken Schloßanlage Mecklenburgs nehmen den Weg über Hofzumfelde. In diesem auf den ersten Blick wenig einladenden Dorf beginnt (oder endet) eine der interessantesten Alleen der Küstenregion. Über eine sanfte Geländekuppe führt ein flacher Hohlweg direkt auf den Mittelbau des Schlosses zu. Die niedrig gehaltenen, wie Kopfweiden anmutenden Alleenbäumchen am Wegessaum sind über zweihundertjährige Linden.

Fritz Meyer-Scharffenberg schrieb 1962 von den *»gespenstisch verwachsenen Linden«*, die dem Volksmund zufolge *»mit der Krone nach unten eingepflanzt wurden«* und *»das wirre Gezweig nur das ausgeschlagene Wurzelwerk«* sei. Zwar verhehlen auch Gartenarchitekten beim Anblick der nach französischer Art gestutzten Lindenreihen nicht ihre Verwunderung. Sie jedoch erklären, daß die kurzen Stämme einstmals oben gespalten wurden und zu zwei, mit Kandelabern vergleichbaren Ästen auswuchsen. Wie Spalierobst hatten die Gärtner diese beiden Kronenäste der jeweils benachbarten Linde zugezwungen. Dadurch entstand eine Reihe von »Baumgeistern«, die sich die Arme zustrekken …

Die meisten Besucher kommen, wie gesagt, durch die rechtwinklig vom Ortsausgang Klütz auf das Schloß zuführende Allee von »normalwüchsigen« Linden. Zwi-

Ehrenhof des Schlosses Bothmer (Foto um 1905)

schen ihren dicken Stämmen geben sie den Blick auf das in einer Niederung liegende Schloß frei, das dunkelrot aus seiner grünen Umgebung leuchtet.

Dort, wo die Allee aus gestutzten auf jene von ausgewachsenen Linden stößt, findet sich im Angesicht der stattlichen Vorderfront des Schlosses der Zugang zur Anlage. Spätestens hier stellt man fest, daß der Schloßbezirk einschließlich des Parks von einem breiten und steil geböschten Wassergraben umgeben ist. Es kann davon ausgegangen werden, daß einst rings um das ein Rechteck bildende künstliche Gewässer Lindenalleen vorhanden waren, die die Anlage optisch schützend einschlossen. Dieser äußere doppelte Baumring ist heute nur noch im Süden und Westen erhalten. Der über eine breite Brücke von Südosten betretbare Ehrenhof, der dreiseitig vom Haupthaus, flachen Verbindungsbauten (viertelkreisbogige Galerien) und den Kavaliershäusern (Pavillons) begrenzt wird, ist als kleine barocke Parkanlage gestaltet. In der Hauptachse findet sich ein mit Rosen besetztes Rasenrondell, in das kreuzförmig Wege hinein- und auf einen schalenförmigen Springbrunnen zuführen.

Das Schloß, eine elfachsige, zweigeschossige Flügelanlage mit fledermausgaubenbesetztem Walmdach wurde zwischen 1726 und 1732 nach Plänen des Schweriner Hofbaumeisters Johann Friedrich Künnecke errichtet. Die aus Hannover nach Mecklenburg gekommenen Brüder Hans Kaspar Graf von Bothmer und Friedrich Johann Freiherr von Bothmer hatten um 1722 von den Herren von Plessen mehrere Güter im Amt Grevesmühlen erworben. Zur Begüterung gehörte auch der Flecken Klütz, in dessen Nähe das Schloß in einer Geländesenke errichtet wurde.

Bauherr war Graf Bothmer, der bei den Preußen in diplomatischen Diensten stand. Der Reichsgraf soll für seinen Bau durch das Blendheim Castle bei Woodstock in Oxfordshire (England) inspiriert worden sein.

Der eigentliche Schloßpark mit einer Größe von etwas mehr als fünf Hektar wird vielen flüchtigen Besuchern verborgen bleiben. Man muß um den rechten Flügel des Gebäudekomplexes herumgehen. Zwischen dem Kavaliershaus und den sich am Wassergraben entlangziehenden Ställen und Schuppen führt der Weg direkt in eine schöne Allee alter Linden. Sie ist eine von vier parallel verlaufenden doppelten Baumreihen, die das Bild der Parkanlage bestimmen. Doch sollte man die Anlage zunächst vom Gartenportal des Schlosses aus betrachten.

Vom Podest oberhalb der Freitreppe erkennt man die wohlgefälligen Proportionen und geringen Dimensionen des Parks. In der Mitte des Gartenrechtecks erstreckt sich eine breite Rasenfläche mit Blumenrabatten im Vordergrund. Solitärbäume, Baum- und Gehölzgruppen sowie Lindenreihen flankieren das Rasenparterre. Obwohl einzelne, frei ausladende Bäume von beiden Seiten in die Sichtachse hineinragen, kann der Blick doch über den Park hinaus in eine weite Niederung wandern, die erst in großer Entfernung durch eine leichte Anhöhe einen Horizont gewinnt.

Im hinteren Parkdrittel ist der Rasenfläche ein kreisrunder Teich eingefügt, auf dessen Insel ein riedgedecktes Schwanenhäuschen steht.

Westlich der Hauptachse beginnt eine jüngere Lindenallee, die den Spaziergänger zunächst schnurgerade nach Norden geleitet, jedoch in Höhe des Teiches für wenige Meter die Krümmung der Uferlinie aufnimmt, um dann nahe der Hauptachse in alter Richtung bis zum nördlichen Wassergraben weiterzuführen. Am westlichen Graben ist dann eine Allee alter, dickstämmiger Linden, die den Wanderer - vorbei an seltenen Gehölzen (Rotbuche, Grautanne, Edelkastanie, Schwarzkiefer, wintergrüner Eiche) - zurück zum Schloß bringt.

Während die linke Parkhälfte noch Elemente eines französischen Gartens besitzt, wurde die rechte Seite durch ein unregelmäßiges Wegenetz und eine entsprechende Bepflanzung schon vor Zeiten in einen Park ganz nach englischem Geschmack verwandelt. Leider sind in diesem Teil der Anlage auch die störenden Eingriffe so groß, daß an eine Heilung kaum mehr zu denken ist. So hat man nicht nur ein Stück der östlichen Lindenallee am Wassergraben entfernt und eine Brücke zum in der Wiesenniederung benachbarten Sportplatz geschlagen, sondern auch einen Verkaufskiosk aufgestellt und im Nordosten eine Freilichtbühne eingerichtet. Diese ist zwar auf den ersten Blick nicht zu erkennen und verbirgt sich hinter Gehölzgruppen und Bäumen. Aber die massiv ausgeführte Bühne stellt einen jener Fremdkörper dar, um den bedauerlicherweise viele Parks und Gärten Mecklenburgs-Vorpommerns in den letzten vierzig Jahren »bereichert« wurden. Zwar wurde der Park dank dieser Bühne nach der Wende für Veranstaltungen des Schleswig-Holstein-Musikfestivals genutzt, doch wird dadurch der Eingriff in die Parksubstanz nicht aufgewogen.

Trotz allem bleibt der Park von Bothmer mit dem roten Schloß und den darauf zuführenden Lindenalleen die sehenswerteste französische Anlage in Mecklenburg.

SCHLOSSPARK LUDWIGSLUST

Nicht nur wegen seiner Größe (ca. 130 Hektar) gilt der Ludwigsluster Schloßpark als einer der bedeutendsten Norddeutschlands. In ihm haben sich wesentliche Elemente des französischen Gartenstils erhalten. Diese bilden mit den Bürger- und Kavaliershäusern, dem Schloßplatz mit der Kaskade und dem Residenzbau selbst ein beeindruckendes barockes Ensemble. Die Gesamtanlage erklärt sich aus der ungewöhnlichen Historie des Ortes, der zeitweilig herzogliche Residenzstadt war.

An Stelle der heutigen Schloßstraße, jener von barocken Backsteinbauten eingerahmten breiten Schloßzufahrt, befand sich bis ins 18. Jahrhundert das vormalige ritterschaftliche Gut Klenow. Es wurde 1616 vom mecklenburgischen Fürstenhaus angekauft. Die großen Waldgebiete des Gutes waren ein bevorzugtes Jagdgebiet des Prinzen Christian Ludwig (1683-1756). Als Bruder des regierenden Herzogs Friedrich Wilhelm beschloß er 1724, in Klenow »ein neues Jagddemeure« zu bauen. Jedoch erst 1731 bis 1735 kam das Gebäude, ein einstökkiger Bau mit Walmdach und einer Grundfläche von etwa 48 mal 12 Metern, unter Leitung des Schweriner Hofbaudirektors Johann Friedrich Künnecke zur Ausführung. Es war ein schlichtes Fachwerkhaus, das man im Wirtschaftsgarten des Klenower Gutes errichtete.

Dem Prinzen muß es mehr als nur ein komfortables Jagdquartier gewesen sein, denn ab 1741 wurde in dessen Nähe durch den Schweriner Hofgärtner Gallas ein erster Lustgarten angelegt, der dem Vorbild des Belvedere-Gartens in Wien folgte.

Nachdem der Prinz als Christian Ludwig II. Herzogswürden erlangt hatte, wurde 1752/53 nach den Ideen von Jean Le Geay ein Umbau des Klenower Jagdhauses vorgenommen. Der Franzose Le Geay, den der Herzog schon zu Erbprinzzeiten in Paris kennengelernt hatte, stand von 1748 bis 1755 als Hofbaumeister in Diensten des Mecklenburg-Schweriner Fürstenhauses. Von den Plänen des Baumeisters wurde vor allem der Hauptgedanke übernommen und letztlich auch ausgeführt: die Gegenüberstellung von Schloß und Kirche in der Hauptachse des als Grünanlage gestalteten Schloßplatzes.

Sowohl das heutige Schloß als auch die Kirche wurden jedoch erst in den siebziger und achtziger Jahren des 18. Jahrhunderts errichtet. Le Geays Handschrift verrieten der Umbau des alten Jagdschlosses (Dachaufbauten, Uhrturm), die Kaskaden auf dem Schloßplatz (noch aus eichenen Dielen, mit drei hölzernen Obelisken, deren mittlerer im oberen Drittel eine Uhr trug) und eine »steifbarocke« Parkanlage (Lustgarten von Gängen aus »Hagebüchenhecken« bis in das »Ellernbruch«, wo eine »Rundung mit Ruhebänken« einlud und wo auch »Wasser plätscherte«).

Von diesen Bauwerken ist keines mehr vorhanden. Das alte Fachwerkschlößchen, dessen Standort etwa auf halber Strecke zwischen jetzigem Schloß und den Kaskaden war, wurde 1776, die Wirtschaftsflügel 1848 abgerissen. Die Kaskaden wurden 1780 in Naturstein verändert wiederaufgeführt, die Obelisken durch Skulpturen aus Sandstein von Rudolf Kaplunger (1746-1795) ersetzt. Die französische Gartenanlage erfuhr mit dem Bau des Ludwigsluster Kanals (1756 bis 1760) eine Veränderung. Der 28 Kilometer lange künstliche Wasserlauf war erforderlich geworden, weil die örtlichen Wasservorkommen die Kaskaden und andere Wasserspiele nicht in ausreichendem Maße versorgen konnen.

Ein ausgeklügeltes und um die Mitte des 19. Jahrhunderts erweitertes Kanalsystem führt das Wasser auf unterschiedlichen Wegen durch den Schloßpark. Schon im Ort teilt sich der Kanal. Sein nördlicher Lauf speist die Teiche des später von Lenné zum englischen Landschaftspark umgestalteten Gartenteils, füllt den rechten Graben am Johannisdamm und vereint sich bei den vierundzwanzig Wassersprüngen mit dem großen Kanal. Dieser wiederum erhält sein Wasser aus dem zweiten, älteren Arm des Ludwigsluster Kanals, der am Schloßplatz oberhalb der Kaskaden das ovale Bassin füllt, über die Kaskaden – in breiter Front

Gartenseite des Ludwigsluster Schlosses (Foto 1929)

plätschernd - abfließt und schließlich am Marstall vorbei zur katholischen Kirche verläuft, wo der große Kanal mit einer hübschen Kaskade beginnt, die von einer barocken Steinbrücke (1780) überspannt wird.

Der Johannisdamm mit seinen beidseitigen Gräben und die großen schneisenartigen Alleen (Hofdamenallee, Ulmenallee) mit ihrem Blickbezug auf die Gartenfront des Schlosses stellen heute wesentliche Überbleibsel der frühen französischen Gartenanlage dar.

Das geschlossene Ensemble um den Schloß-, Bassin- und Kirchen-Platz entstand nach 1763, als sich die Bautätigkeit zunächst auf die Wohnhäuser der Hofbediensteten erstreckte. 1765 bis 1770 erfolgte der Kirchenbau durch Johann Joachim Busch (1720-1802), der auch den Neubau des Schlosses ab 1772 leitete. Bereits fünf Jahre später wurde das neue Haus bezogen. Aus Geldmangel wurden die geplanten halbkreisförmigen Flügel zwischen Schloß und Bassin nicht ausgeführt. Durch Lindenalleen, die am Bassin den gebogenen Kavaliershausfluchten folgen und am Kirchplatz ein doppeltes Baumquadrat bilden, wird der barocke Stil der Anlage betont. Zugleich gewinnt das Terrain zwischen Kirche und Schloß die Ausstrahlung einer streng geometrisch geordneten Parkanlage. Leider führt zwischen dem Bassin und dem Kirchplatz eine stark befahrene Bundesstraße hindurch, so daß nur zu verkehrsarmen Zeiten ein genußvoller Gang unter dem Dach aus Lindenblättern entlang den eingeschossigen Fachwerk- und zweigeschossigen Backsteinbauten möglich ist.

Westlich und nördlich des Schlosses erstreckt sich der eigentliche Schloßpark. Ihn ohne Parkführer - und sei es nur in Form eines Stadtplanes - erschließen zu wollen, kann in aller Regel nicht gelingen. Die Weitläufigkeit der Anlage, ihre vielen geschwungenen Wege und die Einschränkung früherer Sichtachsen durch Wildwuchs verhindern eine Orientierung.

Auf der Gartenseite des Schlosses findet sich das vielerorts anzutreffende Rasenparterre, das hier nach 1945 als Fußballfeld zweckentfremdet wurde. Der um dieses Parterre beiderseits herumführende Weg wird mittig durch die aus frühbarocker Zeit stammende Hofdamenallee aufgenommen und schnurgerade durch das Gehölz geführt. Da der alte Wald des Gutes und Jagdsitzes Klenow nur im schloßnahen Bereich gerodet wurde, ist heute im Park ein Nebeneinander von uralten Baumriesen und jüngeren Anpflanzungen zu finden. Betagte Eichen, mächtige Buchen und kräftige Weymouthskiefern stehen zumeist als Solitärbäume auf kleinen Lichtungen. Die Beschilderung weist auf eine Vielzahl seltener heimischer wie auch fremdländischer Gehölze hin: Schwarz- und Grauerle, Blut- und Trauerbuche, schlitzblättrige Buche, Silberpappel, Amberbaum, Perückenstrauch, Tulpenbaum, Maiglöckchenbaum, Bitter- und Flügelnuß, Trauerbirke, Hakenkiefer, Strobe, Mammutbaum und Sumpfzypresse.

Der Parkteil rechts und links der Hofdamenallee wurde zwischen 1852 und 1860 nach Entwürfen von Peter Joseph Lenné umgestaltet. In schönen Schwingungen winden sich die Wege durch die heute viel zu enge – weil zu hoch gewachsene – Bepflanzung, führen im Bogen zur Allee zurück, kreuzen diese und gewähren dem Spaziergänger ständig neue Sichten: in den Achsen zurück auf das Schloß, auf Pflanzstaffagen, zu Gartenarchitekturen und schließlich im Randbereich auch in die sich öffnende Landschaft. Lenné hat die vom Schloßbaumeister Busch ausgeführten spätbarocken und zum Teil ins Frühklassizistische übergehenden Gartenarchitekturen übernommen und seinen Landschaftspark nach diesen Gegebenheiten gestaltet. Die 1788 aus Raseneisenstein errichtete künstliche Ruine, das 1790 erbaute Schweizerhaus der Herzogin Luise mit seinem gewaltigen Rieddach (1790) und das Rondell mit dem Denkmal für Herzog Friedrich (vom Bildhauer Kaplunger, 1785) tauchen unverhofft hinter Baumgruppen oder Ziergesträuchen auf. Lenné gelang es, durch das Anlegen einer Folge von Teichen (Insel-, Eichen- und Karauschenteich), welche an Einschnürungen von Brücken überwölbt sind, den Fließgewässern im französischen Gartenteil stille Wasserflächen im englischen Teil entgegenzusetzen.

Der vom Schloß nach Nordwesten führende große Kanal ist dem Werk Buschs zuzurechnen. Beidseitig des stetig fließenden Gewässers kann man am Ufer entlangschlendern. Der mehrere hundert Meter langen Kanalstrecke ist durch runde Bassins mit kleinen Kaskaden und durch bescheidene Wasserspiele (Mönch und vierundzwanzig Wassersprünge) die Eintönigkeit genommen worden. Das Ufer, mit Wällen, Nischen und steinernen Bänken versehen, trägt einen (zu dichten und zu hohen) Bestand an Buchen. Brücken queren den Kanal.

Wer den weiten Weg nicht scheut, trifft nach eineinhalb Kilometern auf ein weiteres Bassin. Es markiert die Schnittstelle von einem Dutzend Sichtachsen, die von hier aus sternförmig in den Park führen. Dieser Punkt wird schon auf älteren Karten als »Vierzehn Alleen« bezeichnet. Es handelt sich jedoch heute um einfache Schneisen und Waldwege. Auf einem solchen erreicht man in Richtung Südosten das Forsthaus, neben dem ein Denkmal besonderer Art zu betrachten ist: das jüngst restaurierte Grab für das Lieblingspferd des Herzogs Friedrich Franz I.

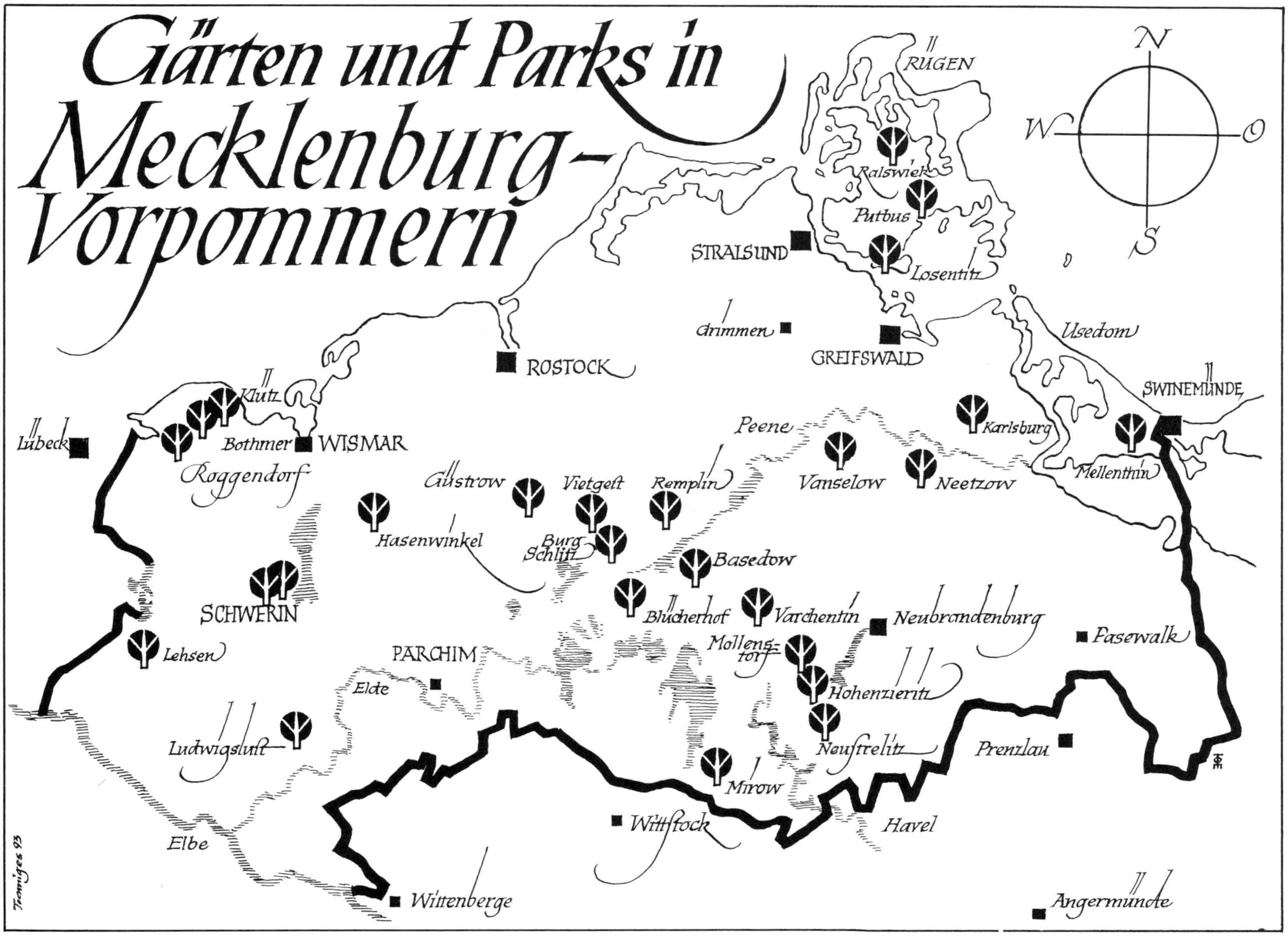

Nur wenige Meter dahinter weist die Hofgärtnerschneise nach Osten und führt den Spaziergänger zur Steinbrücke an den Beginn des Großen Kanals zurück.

Der Ludwigsluster Park hatte einstmals zwei sogenannte Kaisersäle. Das waren rechteckige Plätze, auf denen die Büsten von römischen Kaisern und Feldherren aufgestellt waren. Befand sich der kleine Kaisersaal nahe dem »Mönche« genannten Wasserspiel am Ufer des Großen Kanals, so findet sich noch heute am schloßseitigen Ende des Johannisdamms ein etwa rechteckiger Gartenplatz, der früher die Kaisergalerie beherbergte.

Johann Dietrich Findorff (1722–1772) hat diesen für Mecklenburg wohl einmaligen Ort auf einer Radierung im Jahre 1767 festgehalten: Auf zweimal acht Postamenten von etwa zwei Metern Höhe thronen die Büsten antiker weltlicher Größen. Diese wie auch einige andere Statuetten des Parks waren nicht etwa aus Marmor oder Sandstein. Sie bestanden aus einem besonders wetterfesten Pappmaché und wurden in der herzoglichen Pappmaché-Fabrique zu Ludwigslust hergestellt. Ältere Ludwigsluster können sich noch an die Figurenwelt des kleinen Kaisersaales nahe dem Großen Kanal erinnern. Sie sind beim Spielen im Park auf einige der halb zugewachsenen Büsten gestoßen ... Leider hat sich von den Kaisersälen des Ludwigsluster Schloßparks nichts erhalten.

Einen Besuch lohnen die beiden harmonisch in die Parkanlage eingefügten klassizistischen Grabbauten für die Herzogin Luise (1756-1808) und die Herzogin Helena Pawlowna (1784-1803). Diese Mausoleen wurden liebevoll restauriert und vermitteln dem Betrachter etwas vom Geist des Zeitalters der Empfindsamkeit.

So wird der an Mecklenburgs Historie interessierte Besucher im Ludwigsluster Schloßpark gleichermaßen auf seine Kosten kommen wie der Naturfreund.

Als 1764 die herzogliche Residenz von Schwerin ins dreißig Kilometer entfernte Ludwigslust verlegt wurde, schlug hier bis 1837 das Herz Mecklenburg-Schwerins. Stadt, Schloß und Park haben sich bis heute etwas von dem Flair einer vormals großherzoglichen Residenz erhalten.

Der Heimatbund Mecklenburg publizierte 1935 ein Sonderheft über Ludwigslust. Darin heißt es:

»So ist das Wort Ludwigslust zu dem Begriff geworden, der ein paar schöne Stunden des Ausruhens in der heiteren Welt einer beschaulichen, einfachen, etwas zopfigen, aber dem Edlen und Schönen zugewandten Zeit bedeutet.«

ORTSVERZEICHNIS

Kursiv gesetzte Zahlen verweisen auf die Farbabbildungen